예수님이 당신을 위해 하신 일 101가지

101 Things Jesus Has Done for You

※ 101 Things Jesus Has Done for You by Thomas Nelson
This Korean translation edition ⓒ2024 mulpure, Inc. Seoul, Republic of Korea

이 책 저작권은 rMaeng2를 통한 저작권사(HCCP)와의 독점 계약으로 물푸레에 있습니다.
무단 전재와 복제를 금합니다.

101 Things Jesus Has Done for You

예수님이
당신을 위해 하신 일
101가지

토머스 넬슨 지음 | 우수명 목사 옮김

도서출판 물푸레

예수님이 이 땅에 계시는 동안 많은 사람이 자신을 메시아라고 칭하는 나사렛 사람을 멀리서라도 보기 위해 먼 거리를 여행했습니다. 그들은 나사렛 사람에 대해 자세히 알고 싶었고 소문이 사실인지 확인하고 싶었습니다.

이런 일은 우리의 삶에서도 일어납니다. 예수님에 대해 들을 때, 그리고 예수님이 보통 사람의 삶에서 하신 일들에 대해 들을 때 우리는 예수님을 좀 더 깊이 알기를 원합니다.

예수님을 점점 더 알아갈수록 우리는 예수님이 우리의 정화되지 않은 거친 꿈을 넘어 엄청난 축복을 가져다주신다는 사실을 발견하게 됩니다. 그리고 오랫동안 예수님을 알았다 할지라도 예수님은 새로운 방식으로 우리의 필요를 충족해주시고 우리의 영혼을 회복시켜주시기에 우리는 늘 놀라움을 금치 못합니다.

때때로 우리는 살아온 삶을 뒤돌아보거나 반성하는 시간이 필요합니다. 모든 일을 잠시 내려놓고 가만히 있음으로써 산만해진 마음을 예수님이 우리를 위해 이루신 많은 일들에 집중하고, 예수님의 선하심의 진리가 우리 마음에 자리 잡도록 해야 합니다.

우리는 예수 그리스도의 축복을 기억함으로써 감사하는 마음에 다시 불을 붙일 필요가 있습니다. 우리는 예수님의 위대한 능력과 사랑을 다시 생각함으로써 예수님의 평강을 받을 필요가 있습니다.

이 책에서 우리는 예수님이 우리 삶에서 행하신 일들을 다시 회상하는 데 유용한 깊이 있는 내용들과 성경 구절들을 만나게 될 것입니다. 예수님이 죄 많은 여인을 용서하시고 시각장애인 바디매오를 치유하신 장면에서 묵상하길 바랍니다. 그리고 예수님이 풍랑을 잔잔하게 하신 일을 눈여겨보십시오. 예수님이 어떻게 세상의 죄를 대속하시고 우리의 죄를 용서하셨는지, 예수님을 만나기 전 절망적이던 우리 삶을 어떻게 건지셨는지 알고 찬양하십시오.

아무쪼록 예수님이 당신을 위해 하신 일들을 정성 들여 읽고 기억하십시오. 그리고 당신의 마음이 경외감으로 가득 차게 하십시오.

《예수님이 당신을 위해 하신 일 101가지》는 길지 않은 책이지만 수십 년 동안 설교를 들어도 교리를 이해하기가 쉽지 않은 101개 교의(敎義)를 담았다. 수백, 수천 쪽의 조직신학, 교의학(敎義學) 몇 권을 읽은 것보다 더 많은 신학 지식을 얻고 성경을 이해하는 데 큰 도움을 받을 수 있는 매우 유익한 책이다. 신자들이 고대(苦待)하던 책이다. 나도 밑줄을 그어가며 정독했다. 책상에 놓고 항상 보면 신앙적으로 도움이 되는 내용의 책이다. 게다가 옆에 영문 표기까지 되어 있으니 일석이조(一石二鳥)의 공부를 할 수 있다.

나는 2005년 10월 우수명 목사님을 처음 뵌 이후 2019년 11월 정년 은퇴 때까지 약 15년 동안 신안교회에서 위임 목사님으로 가까이 모셨다. 목사님은 여러 은사(恩賜)가 풍성한 분이지만 무엇보다도 호학(好學)의 정신이 탁월하시다. 배움에 대한 의욕과 집념이 대단하신데, 그 결과 이번에 하나님께 부름을 받은 종으로서 사명감을 가지고 이 귀한 책을 번역, 출판하신 것 같다.

책 내용을 살펴보면 웬만한 신앙 서적 수십, 수백 권을 읽은 것보다 더 많은 핵심적인 성경 지식과 복음 핵심이 집약되어 있음을 알 수 있다. "믿음의 주요 우리를 온전케 하시는 주를 바라보게" 된다. 예수를 믿고 제자로서 따르며 십자가의 은혜에 감사, 찬양, 영광을 드리게 된다. 우리를 구원하시기 위해 예수님이 얼마나 많은 일을 하셨는지 깨닫고 감격, 감사하게 되는 책이다. 독자 제위께서 이 책을 통해 믿음의 확신을 얻고 선한 열매를 풍성하게 맺기를 기원한다.

테 데움 라우다무스(Te Deum Laudamus), 오직 하나님을 찬양합니다.

−2024년 3월 광주신안교회 원로장로 김용관

주 그리스도를 믿는 우리 그리스도인은 사도 바울의 고백처럼(빌립보서 3:7-9) '예수 그리스도를 아는 지식'이 가장 고상한 것이어야 한다. 예수 그리스도를 아는 지식에는 반드시 두 가지 사실, 곧 예수님이 누구이신가(Who is Jesus?)와 예수님이 우리를 위해 하신 일들(What Jesus did for us)이 포함되어야 한다. 예수님이 누구이신가에 대해 우리가 반드시 알아야 할 진리가 성경에는 7가지 선언으로 나온다.

1. 나는 생명의 떡이다

   "I am the bread of life"(요한복음 6:35)

2. 나는 세상의 빛이다

   "I am the light of the world"(요한복음 8:12)

3. 나는 양의 문이다

   "I am the gate for the sheep"(요한복음 10:7)

4. 나는 선한 목자다

   "I am the good shepherd"(요한복음 10:11)

5. 나는 생명이요 부활이다

   "I am the resurrection and the life"(요한복음 11:25)

6. 나는 길이요 진리요 생명이다

"I am the way and the truth and the life"(요한복음 14:6)

7. 나는 참 포도나무다

"I am the true vine"(요한복음 15:1)

예수님을 아는 지식에는 예수님이 우리를 위해 하신 일들이 무엇인지 바로 아는 것도 포함되어야 한다. 바로 이 책에 예수님이 우리를 위해 하신 '101가지 일'을 설명해놓았다.

몇 년 전 미국 서점에서 이 책을 발견하고 혼자 읽은 후 이 책이 우리가 믿어야 할 총체적인 복음의 핵심을 소개해준다는 확신이 들어 얼마나 반갑고 기뻤는지 모른다. 그래서 목회하는 동안 이 책을 성경공부 책으로 만들어 성도들에게 보급해오다가 번역본까지 출간하게 되었다.

나의 부친(故 우성대 목사님)이 하늘나라로 떠나가신 지 어언 20년이 다가온다. 부친께서는 장남인 나에게 유언으로 몇 가지를 부탁하셨는데, 북한선교 지원 및 신학교 후원, 신학생 장학금 후원, 해외선교 지원과 개척교회 후원 등이다. 지난 20년 동안 부친의 유언을 실천하기 위해 나 나름대로 최선의 노력을 해왔다. 이번에 이 책《예수님이 당신을 위해 하신 일 101가지》 번역본 출간은 부친이 천국에 가신 지 20주년을 맞아 추모기념사업의 일환으로 이루어졌다.

한국긍정심리연구소 소장이신 우문식 교수님이 이 책을 읽어보시고 그리스도인이 신앙생활을 하는 데 꼭 필요한 책이라며 앞장서 미국 출판사와 교섭해 출판권을 얻었고 도서출판 물푸레에서 출간하게 되었다. 이 책이 이렇게 세상에 나오게 된 것은 하나님의 인도하심과 더불어, 우문식 교수님의 수고와 선교에 대한 소명의식 덕분이다. 아무쪼록 이 책을 통해 많은 그리스도인이 예수 그리스도를 아는 지식이 가장 고상함을 깊이 체험할 수 있기를 기대한다.

부친의 유언을 실천에 옮겨 이 책을 출간하도록 재정 후원으로 도움을 준 나의 동생들(우광익 장로, 우관은 장로)에게 감사의 마음을 전한다. 또한 이 책 초본으로 2024년 사순절에 전 교인 필사운동을 실천해 복음적인 삶을 살도록 앞장서준 열린교회(신인수 목사)와 건국신안교회(김영관 목사), 광주비전교회(김에스더 전도사) 측에도 감사를 드린다. 이 책은 한국어와 영어로 구성되어 있어 청소년은 물론, 선교사들의 선교 사역에도 도움이 되리라 믿는다.

－2024년 부활절을 맞으며 우수명 목사

차례

1 예수님은 우리에게 깨끗한 마음을 주신다

"그러므로 이제 그리스도 예수 안에 있는 자에게는 결코 정죄함이 없나니 이는 그리스도 예수 안에 있는 생명의 성령의 법이 죄와 사망의 법에서 너를 해방하였음이라."(로마서 8:1-2)

우리는 죄책감이 마음에 얼마나 큰 고통을 주는지 잘 안다. 죄책감은 낮 동안 우리를 따라다니면서 괴롭히다가 밤에는 우리를 편안히 잠들지 못하게 한다. 우리는 수많은 일 가운데 우리가 원하는 것이었든, 아니었든 상관없이 잘못 행한 일들을 잊을 수 없다.

그러나 그리스도 안에는 기쁜 소식(복음)이 있는데, 바로 하나님께서 우리를 그분의 자녀로 받아주신다는 것이다. 우리는 하나님께서 우리를 완전히 용서하셨다는 사실을 깨달음으로써 죄책감에서 자유로워질 수 있다.

하나님께서는 우리에게 "너희 죄가 주홍 같을지라도 눈과 같이 희어질 것이요 진홍같이 붉을지라도 양털같이 희어질 것이라"(시 1:18하)라고 말씀하셨다. 그리고 우리가 여전히 죄의 결과와 그것으로 인해 때로는 하늘에 계신 아버지의 징계를 받는 동안에도 우리는 하나님께서 우리를 위하시면 누구도 정죄하지 못한다는 확신 속에서 참 안식을 누리게 되고, 결국 밤에 편안히 잠잘 수 있다.

JESUS GIVES US
A CLEAN HEART

Therefore, there is now no condemnation for those who are in Christ Jesus, because through Christ Jesus the law of the Spirit of life set me free from the law of sin and death.(ROMANS 8:1-2)

We know the feeling well: guilt. It has followed us during the day and kept us awake at night. We can't forget the things we've done, no matter how much we may want to.

The good news is that in Christ, God accepts us as His children. We can be free from guilt knowing that He has forgiven us–completely.

"Though your sins are like scarlet," He tells us, "they shall be as white as snow" (Isaiah 1:18b). And while we still face the consequences of our sin and sometimes the discipline of our Heavenly Father, we can finally sleep at night, resting in the assurance that God is for us.

2 예수님은 우리를 사랑하신다

복음서들을 통해 우리는 예수님이 사람들을 사랑하시는 모습을 볼수 있다. 때때로 예수님의 사랑은 "암탉이 제 새끼를 날개 아래에 모음같이 내가 너희의 자녀를 모으려 한 일이 몇 번이냐 그러나 너희가원하지 아니하였도다"(눅 13:34)라는 예루살렘에 대한 탄식처럼 몹시안타까워하시는 모습으로 나타나기도 한다.

예수님의 사랑은 때로는 젊은 부자 관원에게 가장 중요한 것을 포기하라고 요구할 때와 같이 매우 도전적인 모습으로 나타나기도 한다. 또한 예수님의 사랑은 때로는 십자가 위에 양손과 양발이 못 박혀죽으셨을 때처럼 말로 다 표현할 수 없기도 하다.

예수님은 변함없이 우리를 영원히 사랑하신다. 그리고 우리의 삶을 통해 다양한 면에서 여러 방법으로 그 사랑을 나타내신다. 하지만예수님이 십자가에서 죽음을 맞으신 것보다 우리에게 좀 더 확실하고능력 있게 예수님의 사랑을 보여주는 것은 결코 없다.

JESUS LOVES US

| My command is this: Love each other as I have loved you. (JOHN 15:12) |

We watch Jesus loving people throughout the Gospels. Sometimes His love is exasperated, like when He laments over Jerusalem, "How often I have longed to gather your children together, as a hen gathers her chicks under her wings, but you were not willing!" (Luke 13:34b). Sometimes it is challenging, like when He challenges the rich young ruler to give up what was most important to him. And sometimes His love is simply indescribable, like when He stretches out His arms and allows Himself to be crucified.

Jesus loves us with an everlasting love. And He shows us His love in many ways throughout our lives–but never more plainly or powerfully than dying on the cross.

3 예수님은 우리의 하늘 아버지 앞에 나아가도록 담력을 주신다

"그러므로 형제들아 우리가 예수의 피를 힘입어 성소에 들어갈 담력을 얻었나니, 우리가 마음에 뿌림을 받아 악한 양심으로부터 벗어나고 몸은 맑은 물로 씻음을 받았으니 참 마음과 온전한 믿음으로 하나님께 나아가자." (히브리서 10:19, 22)

예루살렘 성전에서는 대속죄일에 오직 제사장만이 짐승을 속죄 제물로 올린 후 지성소에 들어갈 수 있었다. 그러나 예수님이 십자가에서 죽음을 맞으셨을 때 성전의 휘장이 위에서부터 아래로 둘로 찢어졌다. 그래서 하나님과 우리 인간 사이에 있는 막힌 죄의 담이 산산이 부서졌다.

예수님 덕분에 우리는 언제든 필요할 때 어떤 예식을 행하거나 특별 허가를 받지 않아도 살아계신 하나님의 임재 안으로 들어갈 수 있다. 우리는 하나님의 아들인 예수님의 피를 통해 우리를 자녀로 삼으신 하나님 아버지께서 우리를 받아주실 것이라는 자신감을 가지고 담대하게 하나님께로 나아갈 수 있다.

예수님을 통해 하나님과 자녀의 관계를 맺었기에 우리는 언제든지 자유롭고 흔들리지 않는 마음으로 하나님께로 가까이 나아갈 수 있게 되었다.

JESUS GIVES US CONFIDENCE BEFORE OUR HEAVENLY FATHER

> Therefore, brothers, since we have confidence to enter the Most Holy Place by the blood of Jesus, ... let us draw near to God with a sincere heart in full assurance of faith, having our hearts sprinkled to cleanse us from a guilty conscience and having our bodies washed with pure water. (HEBREWS 10:19, 22)

In the Temple in Jerusalem, only a priest could enter the Most Holy Place, and only on the Day of Atonement, when he made the annual offering for sins. But when Jesus died, the Temple curtain was torn in two. The wall between us and God was shattered.

Because of Jesus, anytime we have need, without ritual or special dispensation, we can come into the presence of God. We can come boldly, with confidence that we will be received by the Father who adopted us through His Son's blood. Because of the relationship with God we have through Jesus, we can approach Him with a free, untroubled heart.

4 예수님은 우리에게 부요하고 풍성한 삶을 주신다

"도둑이 오는 것은 도둑질하고 죽이고 멸망시키려는 것뿐이요 내가 온 것은 양으로 생명을 얻게 하고 더 풍성히 얻게 하려는 것이라."(요한복음 10:10)

메마르고 뜨거운 열기가 가득한 사막에서 양들은 가혹한 환경과 사나운 동물의 공격 탓에 위험에 처하기 쉽다. 양들은 목마름을 해갈할 물과 양식을 주고 매일 밤 안전하게 지켜주는 목자가 꼭 필요하다.

예수님은 우리에게 자신이 목자라고 말씀하신다. 도둑은 도둑질하고 죽이고 멸망시키려고 오지만, 예수님은 양으로 생명을 얻게 하고 더 풍성히 얻게 하려고 오셨다(요 10:10). 목자가 자기 양의 이름을 각각 불러 인도하듯이, 예수님은 우리의 개인 이름을 아시고 우리를 돌보는 데 모든 것을 쏟아붓고 희생하셨다.

예수님의 양떼 중 한 마리로서 우리의 삶은 참으로 모든 것이 충만하다. 우리는 예수님의 풍성한 사랑과 신실한 보살핌, 놀라운 은혜로 가득 채워진 부요한 삶을 살아간다.

JESUS GIVES US
A RICH, ABUNDANT LIFE

I have come that they may have life, and have it to the full.(JOHN 10:10B)

In a hot, oppressive desert, sheep are vulnerable to the elements and predators. They need a shepherd who can lead them to water and food each day and keep them safe each night.

Jesus tells us that He is that Shepherd. Unlike the thief, who "comes only to steal and kill and destroy," Jesus has come that we may "have life, and have it to the full" (John 10:10). He knows us by name and is committed to our care. Life as one of Jesus' sheep is indeed full–full of His abundant love, faithful attention, and amazing grace.

5 예수님은 우리를 구원하신다

"내가 문이니 누구든지 나로 말미암아 들어가면 구원을 받고 또는 들어가며 나오며 꼴을 얻으리라." (요한복음 10:9)

우리는 죄로 타락해 멸망을 향해 정신없이 달려가고 있었다. 바로 그때 갑자기 예수님이 우리를 붙잡으셨다. 이에 우리의 마음은 천천히 속도를 줄였고, 우리는 다시 정상적으로 호흡할 수 있게 되었다. 우리는 완전히 안전한 상태에 이르렀다.

간결하고 쉽게 말해 예수님은 우리를 구원하신다. 예수님은 우리를 하나님의 임재 빛이 없는 영원한 어두움으로부터 구원하신다. 예수님은 또한 외로움으로부터, 죄의 무거움으로부터, 죄책과 불안으로부터 우리의 영혼을 구원하신다.

예수님은 언젠가 세상의 부패와 썩어질 것에서 우리의 몸을 구원하실 것이다. 우리는 위대한 생명의 구원자요 구출자인 예수님에게 큰 은혜의 빚을 지고 있다.

JESUS SAVES US

We were falling, rushing toward the ground and our destruction. But then, out of nowhere, Jesus caught us. Our heart could slow and we could breathe again. We were completely safe.

Simply put, Jesus saves us. He rescues us from an eternity without the light of God's presence. He also saves our souls from loneliness, our spirits from heaviness, our minds from guilt and anxiety, and one day He will rescue our bodies from the decay of the world. We owe our entire lives to our great Savior and Rescuer.

6 예수님은 우리를 하나님의 자녀로 삼으신다

"영접하는 자 곧 그 이름을 믿는 자들에게는 하나님의 자녀가 되는 권세를 주셨으니."(요한복음 1:12)

어떤 의미에서 우리는 영적 고아였다. 우리가 "목자 없는 양과 같이 고생하며 기진한 상태에 있었을 때" 예수님은 우리를 향해 깊은 동정의 마음을 느끼셨다.

"무리를 보시고 불쌍히 여기시니 이는 그들이 목자 없는 양과 같이 고생하며 기진함이라."(마 9:36)

우리가 죄 가운데에 빠져 길을 잃고 혼란스러운 상태에 있을 때 예수님이 우리의 삶 속으로 들어오셔서 우리를 하나님의 자녀로 삼으셨다. 하나님의 자녀가 된다는 것은 마치 좋은 아버지가 자녀들을 위해 하는 것처럼 우리를 인도하시고 보호하시는 하나님을 아버지로 모시게 되었음을 의미한다. 또한 하나님의 자녀가 되었다는 것은 우리의 신분이 하나님의 자녀로 변화되었음을 뜻한다.

하나님의 자녀인 우리는 아버지 하나님과 많은 시간을 보내기에 아버지 하나님의 거룩함은 물론, 극진한 자비와 사랑을 본받게 된다. 하나님의 자녀가 되는 것보다 더 놀라운 특권은 없다.

JESUS MAKES US CHILDREN OF GOD

Yet to all who received him, to those who believed in his name, he gave the right to become children of God.(JOHN 1:12)

We were, in a sense, orphans. Jesus felt compassion for us because we were "helpless, like sheep without a shepherd" (Matthew 9:36b). When we were lost and confused in our sin, He came into our lives and adopted us.

Being a child of God means that we have Him to guide us, protect us, and care for us, just as any good father does. It also means that we are transformed–as we spend time with our Father, we adopt His holiness, His fierce kindness, His love. There's no greater privilege than to be a child of God.

7 예수님은 우리를 인도하신다

"문지기는 그를 위하여 문을 열고 양은 그의 음성을 듣나니 그가 자기 양의 이름을 각각 불러 인도하여 내느니라." (요한복음 10:3)

모든 여행에는 길을 알려주는 지도나 안내자가 필요하다. 다행스러운 것은 예수님과 우리의 영적 여정에서 우리는 길을 알려줄 지도와 안내자를 모두 가지고 있다는 점이다.

성경은 우리가 하나님의 구원 계획에서 어디에 있는지, 어떻게 그 구원 계획에 참여할 수 있는지를, 그리고 어떻게 우리가 바른 삶을 살 것인지를 정확히 보여준다. 성경은 또한 하나님께서는 어떤 분이시고 하나님과 어떻게 교통할 수 있는지를 우리에게 가르쳐줄 뿐 아니라, 하나님의 은혜를 다른 사람들과 나누며 교제하는 법을 알려준다.

그리고 예수님은 이 세상을 떠나실 때 우리에게 길 안내자인 성령을 보내시어 우리를 모든 진리 가운데로 인도하시고 올바른 방향으로 나아갈 수 있게 하셨다.

예수님은 우리를 안내자 없는 상태로 놓아둔 채 떠나지 않으셨다. 예수님이 보내신 성령은 우리와 함께 있으면서 우리 삶에서 우리의 발걸음을 살피고 지켜주신다.

JESUS GIVES US
HIS GUIDANCE

The watchman opens the gate for him, and the sheep listen to his voice.
He calls his own sheep by name and leads them out. (JOHN 10:3)

Every journey needs either a roadmap or a navigator. Fortunately for us, in our journey with Jesus, we have both.

We have the Scriptures to tell us where we are in God's redemptive plan, how to participate in that plan, and how to order our lives. The Bible tells us who God is and how to interact with Him, as well as how to interact with others and share God's grace with them. And when Jesus left the earth, He left us a "navigator"–the Holy Spirit guides us into all truth and leads and directs us.

Jesus hasn't left us without a guide. He watches over our every step.

8 예수님은 우리를 승리자가 되게 하신다

> "그러나 이 모든 일에 우리를 사랑하시는 이로 말미암아 우리가 넉넉히 이기느니라. 내가 확신하노니 사망이나 생명이나 천사들이나 권세자들이나 현재 일이나 장래 일이나 능력이나 높음이나 깊음이나 다른 어떤 피조물이라도 우리를 우리 주 그리스도 예수 안에 있는 하나님의 사랑에서 끊을 수 없으리라." (로마서 8:37-39)

사도 야고보는 우리에게 "내 형제들아 너희가 여러 가지 시험을 당하거든 온전히 기쁘게 여기라 이는 너희 믿음의 시련이 인내를 만들어내는 줄 너희가 앎이라"(약 1:2-3)라고 말한다. 시험을 온전히 기쁘게 여기라는 이 말씀은 실천하기가 무척 어렵다.

그러나 "이 모든 일에 우리를 사랑하시는 이로 말미암아 우리가 넉넉히 이기느니라"(롬 8:37)라는 말씀을 기억할 때 시험을 온전히 기쁘게 여기라는 말씀을 실천하기가 쉬워진다. 우리는 모든 시험의 반대편에 하나님의 사랑이 있음을 알기 때문이다.

사도 바울은 "하나님이 우리를 위하시면 누가 대적하리요?"라면서 "하나님이 자기 아들을 아끼지 아니하시고 우리 모두를 위해 내어주셨으니, 우리가 누구를 두려워할 필요가 있는가?"라고 묻는다. 위대한 하나님의 사랑은 어떤 시험도 넉넉히 이길 수 있게 한다.

JESUS MAKES US OVERCOMERS

In all these things we are more than conquerors through him who loved us. For I am convinced that neither death nor life, neither angels nor demons, neither the present nor the future, nor any powers, neither height nor depth, nor anything else in all creation, will be able to separate us from the love of God that is in Christ Jesus our Lord.
(ROMANS 8:37–39)

James tells us to "consider it pure joy, my brothers, whenever you face trials of many kinds, because you know that the testing of your faith develops perseverance" (1:2–3). That's a tough thing to do. But it gets easier when we remember that "we are more than conquerors through him who loved us" (Romans 8:37b), because we know what lies on the other side of every trial: the love of God.

"If God is for us, who can be against us?" Paul asks. Since God has loved us so lavishly in Christ, what do we have to fear? His love is more than enough to overcome any trial.

9 예수님은 우리 죄의 병을 고쳐주신다

> "친히 나무에 달려 그 몸으로 우리 죄를 담당하셨으니 이는 우리로 죄에 대하여 죽고 의에 대하여 살게 하려 하심이라 그가 채찍에 맞음으로 너희는 나음을 얻었나니."
> (베드로전서 2:24)

모든 사람이 육체의 질병으로 오랫동안 투병 생활을 하는 것은 아니다. 하지만 건강검진 결과를 기다리거나 건강에 문제가 생길지 모른다는 의구심을 안고 살아가는 사람은 언젠가는 육체의 질병으로 인한 불안한 상태가 사라질 수도 있다는 막연한 기대 속에서 살게 된다. 우리 모두는 영적인 질병으로 고통받고 있으며, 죄의 질병을 갖고 있음을 깨닫는다.

예수님이 우리의 삶으로 들어오심으로써 우리는 죄로 인한 어둠이 물러가고 빛의 삶을 살게 되었으며, 우리의 굳은 마음은 부드럽게 바뀌었다. 이후 우리는 하나님을 아는 기쁨과 하나님을 기쁘게 하려는 열망으로 가득해졌다. 또한 끈질기게 죄를 붙잡으려는 마음이 사라졌기에 우리는 성령의 능력을 부여받아 하나님과 올바른 관계 속에서 살아갈 수 있는 힘을 얻게 되었다.

JESUS HEALS US
OF THE SICKNESS OF SIN

He himself bore our sins in his body on the tree, so that we might die to sins and live for righteousness; by his wounds you have been healed. (1 PETER 2:24)

Not everyone has experienced a long-term physical illness waiting for test results, living with questions about what the days ahead will bring, wondering if the physical discomfort will ever go away. But we have all suffered from a spiritual illness. We have all known the sickness of sin.

When Jesus steps into our lives, darkness gives way to light, our hardened hearts becoming softer. We're filled with the joy of knowing God and the desire to please Him. And as the choking grip of sin begins to slip away, we are empowered and enabled to live right with God.

10 예수님은 우리를
더욱 그분을 닮게 하신다

"사랑하는 자들아 우리가 지금은 하나님의 자녀라 장래에 어떻게 될지는 아직 나타나지 아니하였으나 그가 나타나시면 우리가 그와 같을 줄을 아는 것은 그의 참모습 그대로 볼 것이기 때문이니." (요한일서 3:2)

　텔레비전으로 연속극이나 영화를 볼 때 주인공이 점점 더 유명해지는 모습을 보이면 우리는 큰 흥미를 느끼게 된다. 주인공이 웃거나 눈을 찡그리거나 하는 모습에서 우리는 그가 앞으로 어떤 사람으로 변모해갈지 어느 정도 예측할 수 있다.

　마찬가지로, 우리는 예수님이 걸어가신 발자취를 본받아 따라간다. 예수님은 우리가 예수님을 믿고 처음 믿음의 여정을 함께할 때 그분을 닮도록 우리 속에서 역사하셨고 우리를 점점 더 그분을 닮도록 만들어가셨다. 그리고 예수님은 우리가 삶에서 그분과 같은 오랜 참음, 친절함, 거룩함의 형상을 닮아가도록 천천히 우리를 다듬는 일을 계속하셨다. 우리가 그리스도와 동행할 때 우리는 매일매일 그리스도의 형상으로 변해가고 점점 더 성숙해지게 된다.

JESUS MAKES US
MORE LIKE HIM

> Beloved, we are God's children now; what we will be has not yet been revealed. What we do know is this; when he is revealed, we will be like him, for we will see him as he is.(1 JOHN 3:2 NRSV)

Watching old TV shows or movies is more fun when they feature someone who went on to become famous. In their younger faces, when they smile or squint a certain way, we can see traces of who they will become.

In the same way, we bear traces of Jesus. When we first began our journey with Him, He began working in us, making us more and more like Him. And He has continued that work in our lives, slowly chiseling us after His image of longsuffering, kindness, and holiness. As we walk with Christ, we grow into His image more and more every day.

11 예수님은 우리에게 무한한 힘을 주신다

"내게 능력 주시는 자 안에서 내가 모든 것을 할 수 있느니라." (빌립보서 4:13)

우리는 처음으로 힘들고 도전적인 일을 시작하려고 할 때 자신에게 그것을 감당할 능력이 충분한지 의심한다. 어렵고 도전적인 일을 하다가 심장이 멈춰버리지는 않을까? 또는 거대한 산 같은 어렵고 도전적인 일을 감당하다가 도중에 무너지지는 않을까? 고칠 수 없는 질병으로 투병 생활을 하다가 치유되어 다시 사랑하는 사람을 만날 수 있을까? 아니면 불치의 병 때문에 큰 고통을 겪다가 심장이 멈춰버리지는 않을까?

사도 바울이 우리에게 주는 권면(빌 4:12-13)은 그에게 어떤 일도 어려운 문제가 안 되며, 어떤 시련도 넉넉히 감당할 수 있는 것은 그가 그리스도가 주시는 충분한 힘을 발견했기 때문이라는 사실이다.

예수 그리스도는 완전한 능력을 통해 모든 것을 할 수 있으시다. 사도 바울의 고백처럼 그리스도는 언제나 부족함 없이 우리를 충분히 채워줄 수 있는 분이시다.

JESUS GIVES US
HIS UNLIMITED STRENGTH

I can do everything through him who gives me strength.
(PHILIPPIANS 4:13)

When we first set out to do something difficult and challenging, we wonder if we'll have enough strength to finish it. Will our lungs hold out, or will we collapse halfway up the mountain? Will we be able to see our loved one through an illness, or will we lose heart?

Paul's exultation in Philippians 4:12–13 is that no matter what task was set before him or what trials he endured, he had found the strength of Christ to be completely sufficient. He could do all things through His perfect strength. Christ is always, Paul's life declares, completely enough.

12 예수님은 우리에게 삶의 의미와 목적을 주신다

"우리는 그가 만드신 바라 그리스도 예수 안에서 선한 일을 위하여 지으심을 받은 자니 이 일은 하나님이 전에 예비하사 우리로 그 가운데서 행하게 하려 하심이니라."
(에베소서 2:10)

망치는 망치질을 하지 않는 한 망치가 아니다. 우리도 의미 있고 더 높은 목적을 이루는 어떤 일을 완성하지 않는 한 삶에서 온전한 성취를 이룬 것이 아니다.

그래서 예수님은 도래하는 하나님 나라의 백성이 되도록 우리를 초대하셨다. 그리고 예수님은 하나님 나라를 확장하기 위해 우리 각자에게 개인적인 사명을 주셨다. 예수님은 제자들에게 "오직 성령이 너희에게 임하시면 너희가 권능을 받고 예루살렘과 온 유대와 사마리아와 땅 끝까지 이르러 내 증인이 되리라"(행 1:8)라고 말씀하셨다. 예수님은 우리의 삶을 충만하고 신나며 의미 있게 만들 수 있도록 우리에게 할 일을 주셨다.

JESUS GIVES OUR LIVES MEANING AND PURPOSE

We are His workmanship, created in Christ Jesus for good works, which God prepared beforehand that we should walk in them.
(EPHESIANS 2:10 NKJV)

A hammer isn't quite a hammer unless it's hammering. And we're not quite fulfilled unless we're doing something that has meaning and a purpose higher than ourselves.

Jesus has invited us to be part of the coming Kingdom and He's given us each a personal mission to further that Kingdom. He told His disciples, "You will receive power when the Holy Spirit comes upon you; and you will be my witnesses in Jerusalem, and in all Judea and Samaria and to the ends of the earth" (Acts 1:8). Jesus has given us a job to do—one that makes our lives full, exciting, and eternally significant.

13 예수님은 우리에게 기쁨의 선물을 주신다

"내가 이것을 너희에게 이름은 내 기쁨이 너희 안에 있어 너희 기쁨을 충만하게 하려 함이라."(요한복음 15:11)

어느 날 카페에서 약간 사투리를 섞어 말하는 한 남자와 그의 친구가 주고받는 대화 내용을 우연히 듣게 되었다. "아따 친구, 자네 어떻게 지내는가? 요즘 자네가 살고 있는 세상에는 기쁘고 즐거워서 춤출 일이 있는가?"

예수님이 자신이 져야 할 십자가를 제자들에게 준비시키실 때 세상은 불확실한 일로 가득했다. 이에 예수님은 제자들을 위로하고 격려하시면서 그들을 얼마나 사랑하고 있는지 말씀하셨다.

"내가 이것을 너희에게 이름은 내 기쁨이 너희 안에 있어 너희 기쁨을 충만하게 하려 함이라."(요 15:11)

이 세상이 두려움과 의심으로 뒤덮일 때 우리 또한 기쁨을 회복하기 위해 예수님의 사랑을 믿고 신뢰한다. 예수님의 사랑 덕분에 우리는 이 세상에서 매일 기쁨의 춤을 추며 살아간다. 우리가 직면하는 어려운 환경과 상관없이 우리는 언제나 기뻐하며 축제의 삶을 살 수 있는 이유를 가지고 있다.

JESUS GIVES US
THE GIFT OF JOY

> I have said these things to you so that my joy may be in you, and that your joy may be full.(JOHN 15:11 NRSV)

With a vaguely European accent, a man in a coffeeshop was overheard to say to his friend, "So how are you? Is there any dancing in your world today?"

As Jesus prepared His disciples for His crucifixion, their world was shrouded in uncertainty. So He comforted them, telling them of His love for them and saying, "I have told you this so that my joy may be in you" (John 15:11a). When fear and doubt cloud our world, we too can count on His love to renew our joy.

Because of the love of Jesus, there is dancing in our world every day. No matter what circumstances we're facing, we always have a reason to celebrate and be glad.

14 예수님은 우리에게 산 소망을 주신다

"우리 주 예수 그리스도의 아버지 하나님을 찬송하리로다 그의 많으신 긍휼대로 예수 그리스도를 죽은 자 가운데서 부활하게 하심으로 말미암아 우리를 거듭나게 하사 산 소망이 있게 하시며." (베드로전서 1:3)

우리는 육상 선수나 마라톤 선수가 끝까지 경주를 마치기 위해서는 무엇보다 정신력이 중요하다는 것을 잘 안다. 달리기 선수가 자신이 완주하기까지 얼마나 달려야 하는지 알지 못한다면 처음부터 마음이 약해지기 쉽고, 몸도 곧 마음을 따라 약해진다.

마찬가지로 우리의 영적인 인내력이 시험받을 때 결정적으로 중요한 것은 우리의 소망이 우리가 인내하도록 얼마나 오랫동안 붙들어주느냐 하는 점이다. 우리에게 있는 소망이 죽으면 우리의 영은 완전히 짓밟혀버리고, 우리는 끝까지 인내하려는 의지를 잃고 만다.

감사하게도 우리가 예수님 안에서 가지게 된 그 소망이 결코 시들거나 죽지 않는 이유는 예수님이 영원히 살아계시기 때문이다. 우리는 의심의 먹구름을 넘어서 예수님이 우리 삶의 현장에서, 이 세상에서 최종적으로 승리할 것임을 확실히 안다. 예수님이 살아계시기에 우리는 영원한 산 소망을 가지게 된다.

JESUS OFFERS US
AN UNDYING HOPE

In his great mercy he has given us new birth into a living hope through the resurrection of Jesus Christ from the dead.(1 PETER 1:3B)

Any runner knows that finishing a race is mostly mental. Without the knowledge that he can complete the distance before him, his mind starts to weaken, and his body soon follows. Likewise, when our spiritual endurance is tested, the deciding factor is whether or not our hope will hold out. If hope dies, our spirits are crushed, and we lose the will to continue.

Thankfully, the hope we have in Jesus will never die, because He lives forever. We know–beyond a shadow of a doubt–that He will ultimately triumph in our lives and in the world. Because He lives, we have hope.

15 예수님은 우리에게 평강의 선물을 주신다

"평안을 너희에게 끼치노니 곧 나의 평안을 너희에게 주노라 내가 너희에게 주는 것은 세상이 주는 것과 같지 아니하니라 너희는 마음에 근심하지도 말고 두려워하지도 말라."(요한복음 14:27)

예수님은 공생애 기간에 이 땅에서 사역하실 때 그분의 손을 통해 많은 일을 행하셨다. 예수님은 손으로 병자들을 만지시고 온전히 치유하셨다. 그리고 보리떡 다섯 개와 물고기 두 마리를 축사하시고, 손으로 떡을 떼어 많은 사람에게 나눠주시며 배부르게 먹게 하셨다. 예수님은 또한 손을 내밀어 바다의 풍랑을 잔잔케 하셨다.

지금도 예수님은 자신의 손을 내밀어 우리의 삶을 다스리시고, 우리에게 세상이 줄 수 없는 참된 평강을 주시며, 우리 마음의 풍랑을 잔잔케 하신다. 우리가 기도하고 주님의 말씀을 읽을 때, 주님의 놀라운 능력과 우리를 향한 사랑을 기억할 때 우리는 예수님이 주시는 거룩한 평강을 경험하게 된다. 그리고 때때로 우리는 지각을 초월하고 말로 다 표현할 수 없는 고요함 속에서 사랑의 구세주이신 예수님이 선물로 주시는 주님의 평강을 경험하고 누리게 된다.

JESUS GIVES US
THE GIFT OF PEACE

Peace I leave with you; my peace I give you. (JOHN 14:27A)

While He was on earth, Jesus' hands did many things. They touched lepers and made them well. They blessed bread and multiplied the loaves. And they stretched over a stormy sea and quieted the waves.

Even now, Jesus' hands stretch over our lives, giving us His peace and stilling the storms of our hearts. We experience His peace when we pray and when we read about Him, remembering His great power and His great love for us. And sometimes we experience His peace in a way that transcends our understanding, in an unexplainable calm that wraps itself around us, a gift from our loving Savior.

16 예수님은 우리가 필요로 하는 모든 것을 제공해주신다

"나의 하나님이 그리스도 예수 안에서 영광 가운데 그 풍성한 대로 너희 모든 쓸 것을 채우시리라."(빌립보서 4:19)

직업을 잃고 쉬는 동안 정기적으로 지출해야 할 돈이 필요한 시간이 닥쳤는데, 교회 친구가 수표를 보내왔다. 그것은 선물이었고, 우리의 필요를 하나님께서 채워주신다는 하나님의 공급하심에 대한 상징이었다.

하나님께서는 아낌없이 베풀라고 우리를 부르신다. 또한 우리의 모든 필요를 충족해주는 분이시자 우리가 필요로 하는 이상으로 넉넉히 채워주는 분이시며, 두려움 없이 베풀도록 우리를 부르신다. 우리가 믿는 진리는 하나님께서 우리에게 아낌없이 주시는 것으로 우리도 후하게 베풀고 있다는 점이다.

하나님께서는 우리에게 그리스도 안에 있는 사랑과 축복으로 아주 풍성한 은혜를 베푸신다. 우리의 목자이신 하나님과 함께할 때 우리는 확실히 부족함 없는 삶을 살게 된다.

"여호와는 나의 목자시니 내게 부족함이 없으리로다."(시 23:1)

예수님은 우리의 모든 쓸 것을 채워주신다.

JESUS PROVIDES
FOR ALL OUR NEEDS

And my God will meet all your needs according to his glorious riches in Christ Jesus.(PHILIPPIANS 4:19)

It came at just the right time–the check would fill in the gaps that month during a season of unemployment. It was a gift from a church friend and a symbol of God's provision.

God calls us to give generously. He also calls us to give fearlessly, knowing that He is more than able and more than willing to meet our every need. The truth is that when we give lavishly, we're giving as God gives–He lavishes us with love and blessings in Christ. With Him as our shepherd, we surely shall not want.

17 예수님은 우리에게 생명을 주신다

우리는 살아가면서 주변에서 많은 사람의 죽음을 본다. 텔레비전을 통해 인간의 생명을 무참히 앗아가는 살인 사건, 폭탄 테러, 비극적인 사건들에 관한 뉴스를 접하기도 한다.

이런 일들은 우리에게 끔찍한 결과를 가져오는 단순한 육체적인 죽음만은 아니다. 만일 우리가 매일 만나고 관계를 맺는 사람들의 삶에 대한 이야기를 알게 된다면 그들의 영혼에 침투되고 감염되고 있는 고통으로 충격을 받을 수 있다.

예수님은 모든 사람의 죽음과 영적 암흑 속으로 생명과 빛을 가져오신다. 예수님은 죄와 고통으로 영적 파멸이 있는 곳에 생명을 살리시고 회복시키신다. 또한 상처가 있는 곳에 치유를 주시고, 죽음이 있는 곳에 생명을 살아나게 하신다. 예수님은 우리의 수치를 아름다움으로 바꾸시며, 애통을 기쁨으로 전환하신다. 죽어가는 세상에 예수님은 영원한 생명을 가져오신다.

JESUS GIVES US LIFE

He who has the Son has life. (1 JOHN 5:12A)

We see death all around us every day. Just watch the news for an eyeful of murders, bombings, and tragic accidents. And it's not just physical death that plagues us. If we knew the life stories of the people we interact with every day, we might be shocked by the pain that infects their souls.

In the midst of all this death and darkness, Jesus brings life and light. Where there is destruction, He restores. Where there is hurt, He heals. Where there is death, He resurrects. He replaces our ashes with beauty and our mourning with gladness. In a dying world, Jesus brings life.

18 예수님은 우리에게 승리를 주신다

"무릇 하나님께로부터 태어난 자마다 세상을 이기느니라 세상을 이기는 승리는 이것 이니 우리의 믿음이니라."(요한일서 5:4)

'승리' 라는 말은 여러 종류의 운동경기에서 많이 사용된다. 우리가 축구를 한 경험이 있든, 없든 우리는 공격해오는 상대 팀을 막기 위해 몸을 아끼지 않는 수비 선수들이 있다는 것을 안다. 스포츠 경기에서 상대를 막아 승리하려고 온힘을 다해 싸우듯이, 그리스도인인 우리도 매일 우리의 죄의 본성과 영적 싸움을 해야 한다.

하나님께서 사랑하신 그 길을 따르고 하나님께서 분부하신 명령을 따르는 것은 우리의 힘으로 감당하기에는 아주 어려운 일이다. 그러나 우리 안에 있는 그리스도의 힘으로 우리는 죄에 빠지려는 악한 본성을 물리쳐 이길 수 있다. 또한 우리는 죄에 빠지게 하는 악한 세력을 정복하기 위한 하나님의 영광스러운 계획에 참여할 수 있다. 우리가 얼마나 자주 약자나 패자 같은 느낌을 갖는지는 상관없이, 우리 안에 거하시는 예수님은 우리의 승리를 확실하게 보장하신다.

JESUS GIVES US VICTORY

for everyone born of God overcomes the world. This is the victory that has overcome the world, even our faith.(**1 JOHN 5:4**)

"Victory" is a good sports word. Victory is about vanquishing a foe, achieving success in a battle.

Whether or not we've ever played pro ball, we all know about battling foes, because we all battle our sinful nature every day. It's hard to love the way God loves and follow the commands He left us. But with the power of Christ within us, we can overcome our sinfulness, and we can participate in God's glorious plan to conquer evil–for good. No matter how much we may feel like the underdog, Jesus in us ensures our victory.

19 예수님은 상상 이상으로 우리를 축복하신다

"자기 아들을 아끼지 아니하시고 우리 모든 사람을 위하여 내주신 이가 어찌 그 아들과 함께 모든 것을 우리에게 주시지 아니하겠느냐." (로마서 8:32)

예수님을 따르는 길이 좁은 것은 사실이다. 예수님을 따르는 것은 호화로운 삶을 살기 위함이 아니다. 그러나 하나님께서는 우리의 머리털까지도 다 세는 분이시며, "자기를 사랑하는 자들을 위하여 예비하신 모든 것은 눈으로 보지 못하고 귀로 듣지 못하고 사람의 마음으로 생각하지도 못하였다"(고전 2:9)라고 말씀하시는 분이시다. 우리는 하나님께서 그분의 아들을 보내심으로써 이미 신실함을 입증하셨기에 하나님께서 공급해주시는 것들과 우리가 받은 복들이 얼마나 많은지 어느 정도 헤아릴 수 있다.

예수님 덕분에 우리는 매일의 삶에서 하나님의 능력을 신뢰하는 믿음과 깨어 있음으로 신령한 복을 받기 위해 하나님께로 나아갈 수 있다. 그러나 우리는 오늘 하나님께서 어떻게, 어떤 식으로 우리를 축복하실지는 결코 알지 못한다. 예수님은 우리가 상상하는 것 이상으로 우리를 축복하신다.

JESUS BLESSES US
BEYOND OUR IMAGINATION

He who did not spare His own Son, but delivered Him up for us all, how shall He not with Him also freely give us all things. (ROMANS 8:32 NKJV)

It's true that the road is narrow; following Jesus is not a life of luxury. But it's also true that God has numbered the hairs on our head, and that "no eye has seen, no ear has heard, no mind has conceived what God has prepared for those who love him" (1 Corinthians 2:9b).

We can count on God's provision and blessings because He's already proven His faithfulness by providing His Son. Because of Jesus, we can approach our days with faith and watchfulness. We never know how God might bless us today.

20 예수님은 우리를 하나님과의 관계를 맺게 해주신다

> "우리의 사귐은 아버지와 그의 아들 예수 그리스도와 더불어 누림이라." (요한일서 1:3)

삶에서 중요한 몇 가지가 있는데, 그중 하나가 '관계'다. 우리는 자신의 삶을 나누고 도움을 주고받기 위해 다른 사람들을 만날 필요가 있다. 그뿐 아니라 '관계 맺기'는 우리의 삶을 재미있고 감동 넘치게 만든다. 그래서 하나님께서 예수 그리스도를 통해 우리를 관계 맺게 해주셨다는 것은 매우 놀라운 일이다.

예수님 덕분에 우리는 거룩하신 하나님께로 언제든 나아가고, 하나님을 우리의 아버지와 친구로 만나 교제의 기쁨을 누리게 되었다. 우리는 하루 24시간 언제든 하나님과 대화할 수 있다. 그리고 하나님께서 우리의 대화(기도)를 들으신다는 것을 확신한다. 하나님과 우리의 친밀한 관계는 삶에서 만족과 기쁨을 누리게 하는데, 이는 모두 예수님 덕분이다.

JESUS GIVES US
A RELATIONSHIP WITH GOD

Truly our fellowship is with the Father and with His Son Jesus Christ.
(1 JOHN 1:3B NKJV)

Few things in life are as vital to our soul as relationship. We need to meet with other people to share our lives and help each other along. Besides, relationships are often what make life fun and exciting.

So it should amaze us that through Jesus, God has offered us a relationship with Him. Because of Jesus, we have access to a holy God and can enjoy Him as our Father and Friend. We can talk with Him twenty-four hours a day and be assured that He hears us. Our relationship with God brings our lives contentment and joy–and it's all because of Jesus.

21 예수님은 우리에게 하나님의 함께하심을 선물로 주신다

"볼지어다 내가 세상 끝날까지 너희와 항상 함께 있으리라." (마태복음 28:20)

처음 자전거 타기를 할 때 아빠가 안장 뒤를 붙잡아 넘어지지 않도록 도와줄 힘이 있는 분이라는 사실을 아는 아이는 안심하면서 자전거를 배울 수 있다. 병원 대기실에 앉아 있을 때 친구나 가족이 아무 말 없이 곁에 있어 주기만 해도 우리는 든든함을 느낄 수 있다. 누군가 곁에 있다는 사실을 안다는 것은 어렵고 힘든 일을 감당하는 데 큰 힘이 된다.

예수님은 친구나 보호자처럼 언제나 우리 곁에 함께하겠다고 말씀하신다. 예수님은 우리가 느끼는 고통을 함께 느끼시고 우리의 기쁨을 함께 나누신다. 또한 우리가 승리할 때 칭찬해주시고 우리가 패배할 때 위로해주신다. 예수님은 우리의 인생 여정에서 우리가 발걸음을 옮길 때마다 우리 곁에 계시며, 항상 우리와 동행하신다.

JESUS GIVES US
THE GIFT OF HIS PRESENCE

And surely I am with you always, to the very end of the age.
(MATTHEW 28:20B)

When we were learning to ride a bike, knowing that Dad was holding the back of the seat made us feel confident and capable. When we sit in a waiting room, the wordless presence of friends and family sustains us and calms us. There's something about knowing that someone is beside us that makes challenges and difficulties bearable.

Jesus tells us that He is that Someone, that He will always be with us. He feels the pain we feel and shares our joys. He cheers our victories and comforts us in defeat. He is beside us every step of the way.

22 예수님은 우리에게 안식을 주신다

"수고하고 무거운 짐 진 자들아 다 내게로 오라 내가 너희를 쉬게 하리라 나는 마음이 온유하고 겸손하니 나의 멍에를 메고 내게 배우라 그리하면 너희 마음이 쉼을 얻으리 니 이는 내 멍에는 쉽고 내 짐은 가벼움이라 하시니라." (마태복음 11:28-30)

몸을 짓누르는 엄청난 짐을 지고 걸어가는 것은 아주 감당하기 힘든 일이다. 어떤 면에서 우리 모두는 죄책감, 두려움, 슬픔, 분노 같은 무거운 짐을 진 채 살아간다. 예수님은 우리가 짊어지고 살아가는 무거운 짐을 그분에게 맡기면 우리 영혼에 쉼(안식)을 주겠다고 약속하신다. 예수님 안에서 우리는 마침내 우리가 짊어지고 힘들게 살아가는 모든 무거운 짐을 내려놓을 수 있고, 주님의 온유함과 능력 안에서 아주 편하게 쉼(안식)을 누릴 수 있다.

사도 바울은 우리에게 "너희가 짐을 서로 지라 그리하여 그리스도의 법을 성취하라"(갈 6:2)라고 말한다. 우리가 영적으로 감당할 힘이 있어 다른 사람을 돌볼 때 이는 곧 예수님과 같이 사랑을 실천하는 일이다. 왜냐하면 바로 그런 사랑의 실천이 예수님이 우리를 위해 하시는 일이기 때문이다.

JESUS GIVES US
REST

Come to me, all you who are weary and burdened, and I will give you rest. Take my yoke upon you and learn from me, for I am gentle and humble in heart, and you will find rest for your souls. For my yoke is easy and my burden is light.(MATTHEW 11:28–30)

It's hard to walk with heavy baggage weighing us down. And all of us have "weights" that we carry throughout our lives, burdens of guilt, fear, sadness, and anger.

Jesus promises that if we trade our burdens in for His, He will give our souls rest. In Jesus, we can finally set down the weights we've been dragging behind us and simply rest in His gentleness and strength.

Paul tells us to "carry each other's burdens, and in this way you will fulfill the law of Christ" (Galatians 6:2). When we strengthen and care for each other, we are acting like Jesus. Because that's exactly what He does for us.

23 예수님은 우리에게 하나님과의 화평을 주신다

"그러므로 우리가 믿음으로 의롭다 하심을 받았으니 우리 주 예수 그리스도로 말미암아 하나님과 화평을 누리자."(로마서 5:1)

가족이나 친구 사이에 분쟁이 일어나면 말로 다할 수 없는 두려움과 불안을 마음에 간직한 채 생활하게 된다. 더 나아가 그동안 유지해온 아름다운 관계가 회복될 수 없는 지경에 이르기도 한다. 때로는 치유되지 않은 마음의 상처와 두려움이 종려나무 같은 치유자가 없어 시간이 갈수록 쌓이고 삶의 현장에서 그대로 나타나곤 한다.

예수님은 이 땅에 오셨을 때 하나님과 우리 사이에 가로막힌 모든 장벽을 무너뜨리기 위해 십자가에 달려 죽으심으로써 화평의 관계를 열어주셨다. 그래서 우리는 더는 하나님과 적대 관계에 있지 않고 화목해졌다. 우리는 자유롭게 하나님께로 나아갈 수 있게 되었고, 하나님과 친밀한 관계, 지속적인 관계를 누리게 되었다.

예수님은 우리의 두려움을 멈추게 해주시는 것은 물론, 우리의 상처를 싸매는 종려나무 같은 치유자이시다. 또한 우리의 삶에 평화를 채워 하나님과 아름다운 관계를 누리게 해주신다.

JESUS GIVES US
PEACE WITH GOD

Therefore, since we have been justified through faith, we have peace with God through our Lord Jesus Christ.(**ROMANS 5:1**)

When families or friends dispute, there is always a cutting anxiety, an unspoken fear that the relationship will never be mended. And sometimes, as weeks turn into months and years without an olive branch, that fear becomes realized.

When Jesus came to earth, He destroyed everything that came between us and God by dying on the cross. No longer are we at enmity with God–we now have full access to Him and the opportunity for a close, thriving, ongoing relationship with Him.

Jesus is the olive branch that stills our fear and grants peace to our lives, knowing that we are on good terms with God.

24 예수님은 우리의 연약함에 강력한 힘을 주신다

> "나에게 이르시기를 내 은혜가 네게 족하도다 이는 내 능력이 약한 데서 온전하여짐
> 이라 하신지라 그러므로 도리어 크게 기뻐함으로 나의 여러 약한 것들에 대하여 자랑
> 하리니 이는 그리스도의 능력이 내게 머물게 하려 함이라 그러므로 내가 그리스도를
> 위하여 약한 것들과 능욕과 궁핍과 박해와 곤고를 기뻐하노니 이는 내가 약한 그때에
> 강함이라."(고린도후서 12:9-10)

우리는 자신의 약점은 어떤 대가를 치르더라도 피해야만 한다고 생각한다. 자신에게서 약점이 발견됐을 때 우리는 보통 그것을 변명으로 덮거나 남에게 떠넘기고, 강점을 사용해 약점을 무색하게 만들어 버린다.

우리 안에는 완전하지 못해 누군가의 도움을 필요로 하는 연약한 존재와도 같은 열등감이 있다. 확실한 사실은 약점을 지닌 우리 모두가 시시때때로 연약하다는 점이다. 종종 우리는 우리의 연약함을 자신의 것으로 받아들이지 못하기에 실패한다.

그러나 "내가 약한 그때에 강함이라"라는 사도 바울의 놀라운 선언은 우리의 힘이 끝나는 지점이 곧 우리가 이 세상에서 가장 강해질 수 있는 최적의 장소라는 것을 확증한다. 왜냐하면 이 길은 능력 많으신 주님이 먼저 걸어가신 길이기 때문이다. 주님의 능력은 우리의 연약함 가운데서만 온전하게 나타난다.

JESUS GIVES US
HIS MIGHTY POWER IN OUR WEAKNESS

> Therefore I will boast all the more gladly about my weaknesses, so that Christ's power may rest on me. That is why, for Christ's sake, I delight in weaknesses, in insults, in hardships, in persecutions, in difficulties. For when I am weak, then I am strong.(2 CORINTHIANS 12:9B-10)

Weakness is to be avoided at all costs, we tell ourselves. When we discover a weakness, we usually cover it up with excuses and blame-shifting and use our strengths to overshadow our flaws. There's something in us that's terrified of being insufficient, of needing someone else.

The truth is that we are all, at some time or another, weak. Sometimes we can't make it on our own. We fail. But Paul's amazing and somewhat paradoxical declaration is that the end of our strength is the best place in the world to be–because that's exactly where our mighty Savior steps in. His perfect strength works perfectly in our weakness.

25 예수님은 우리에게 믿음과 소망을 주신다

한 번은 제자들이 예수님을 배로 모시고 갈릴리 호수를 건널 때 큰 광풍이 불었다. 심한 광풍으로 배에 물이 들이쳐 가득 찼다. 그때 예수님은 배에서 고물을 벤 채 주무시고 계셨다. 제자들이 예수님을 깨우며 "선생님이여, 우리가 죽을 것 같은데 돌보지 아니하시나이까?"라고 아우성치자 예수님이 일어나셔서 바람을 꾸짖고 "잠잠하라, 고요하라" 명령하시니 바람이 그치고 아주 잔잔해졌다. 그러고 나서 예수님은 제자들에게 "어찌하여 이렇게 무서워하느냐? 너희가 어찌 믿음이 없느냐?"라고 되물으셨다.

우리가 예수님을 우리의 구주와 주님으로 확고히 믿고 신뢰할 때 앞날과 앞일에 대해 두려워할 필요가 없다. 예수님을 통해 우리는 모든 것을 붙들고 계시는 전능하신 주님 안에서 소망을 가질 수 있다. 즉 우리의 미래에 대해 주님을 의지하고 신뢰하는 것은 우리가 찾을 수 있는 가장 든든하고 흔들림 없는 지속적인 소망이다.

JESUS GIVES US
FAITH AND HOPE

Through him you believe in God, who raised him from the dead and glorified him, and so your faith and hope are in God. (**1 PETER 1:21**)

More than once, the disciples turned to Jesus, alarmed and fearful. On one such occasion, a storm sprang up suddenly, and they were caught in rough seas. They woke Jesus, saying, "Teacher, don't you care if we drown?" (Mark 4:38b). He responded by calming the storm with a simple word. And then he asked them, "Why are you so afraid? Do you still have no faith?" (Mark 4:40b).

When we hold onto faith in Jesus, we have no need to fear for our future. Through Him, we have hope in the One who holds everything in His hands. Our faith and hope in God—our dependence on Him for the future—is the most abiding and sustaining hope we'll ever find.

26 예수님은 우리를 믿는 자들의 가족이 되게 하신다

"이와 같이 우리 많은 사람이 그리스도 안에서 한 몸이 되어 서로 지체가 되었느니라." (로마서 12:5)

함께 속한 사람들 사이에서 타오르는 에너지만큼 우리의 영혼을 북돋우는 것도 없을 것이다. 소속감은 인간이 가장 깊이 있게 느끼는 욕구 중 하나다. 하지만 우리가 공동체 구성원으로 만들어졌다 해도 어떤 일들은 관계를 파괴하고 나쁜 영향을 끼친다. 이에 많은 사람이 외로움을 느낀다.

예수님은 우리를 그분의 몸의 지체라고 부르심으로써 우리가 외로움을 극복하고 해결하도록 치료약을 제공하신다. 예수님 안에서 우리는 수용과 용납을 찾을 수 있다. 주님의 사랑은 우리의 마음을 채우고, 그 사랑이 주변 사람들에게 퍼진다. 참된 교제로 가는 길에서 장애물에 직면할 수도 있지만, 우리는 우리를 위로하시고 다른 사람들에게 더 가까이 다가가도록 이끌어주시는 예수님의 강력한 사랑에 대한 약속을 가지고 있다.

JESUS BRINGS US INTO A FAMILY OF BELIEVERS

So in Christ we who are many form one body, and each member belongs to all the others.(**ROMANS 12:5**)

Few things lift our souls like the energy that crackles among people who belong together. A sense of belonging is one of the most deeply felt human needs. But even though we were made for community, lots of things conspire to prick holes in our relationships, and many of us feel alone.

Jesus offers a remedy for our loneliness by calling us to be part of His Body. In Him we find acceptance–and His love fills our hearts and spreads to those around us. And while we may face obstacles on the road to true fellowship, we have the promise of Jesus' powerful love to comfort us and draw us closer to others.

27 예수님은 우리에게 지혜의 은사를 주신다

"너희는 하나님으로부터 나서 그리스도 예수 안에 있고 예수는 하나님으로부터 나와서 우리에게 지혜와 의로움과 거룩함과 구원함이 되셨으니." (고린도전서 1:30)

구약성경 잠언은 "지혜가 제일이니 그러므로 지혜를 얻으라"(잠 4:7)라고 말한다. 성경은 또한 '지혜'는 하나님을 경외하도록 바른 선택을 하게 하고 우리를 풍성하게 살아가도록 돕는 지침이 되기에 그 값을 매길 수 없는 대단히 귀중한 것이라고 가르친다. 지혜는 대학교 학위 과정이나 인간이 중심인 연구들을 통해서는 많이 얻을 수 없다. 지혜는 하나님 중심적인 것이기 때문이다.

그래서 지혜의 목적은 우리를 하나님께 의존하도록 이끌고, 우리가 하나님 중심으로 살아가도록 질서를 잡아주는 것이다. 우리가 우리 자신을 지혜로운 사람으로 만들기 위해 최대한 노력하기는 하지만, 궁극적으로 지혜는 하나님의 선물이다.

그리스도 안에서 우리는 언제나 지혜롭고 경건한 선택을 할 수 있는 모든 자원과 지침을 가지고 있다. 우리는 그리스도 안에서 지혜의 충만함을 발견한다.

JESUS GIVES US
THE GIFT OF WISDOM

It is because of him that you are in Christ Jesus, who has become for us wisdom from God–that is, our righteousness, holiness and redemption. (1 CORINTHIANS 1:30)

Proverbs tells us, "Wisdom is supreme; therefore get wisdom" (4:7a). Wisdom is priceless, the Bible teaches, because it enables us to make choices that honor God and help us lead a richer life.

The truth about wisdom is that it has little to do with college degrees and hours of study. Wisdom is God centered–its purpose is to direct us to depend on Him and order our lives around Him. As much as we might try to make ourselves wise, wisdom is ultimately the gift of God.

In Christ, we have all the resources and guidance we'll ever need to make wise, godly choices. In Christ we find the fullness of wisdom.

28 예수님은 우리에게 의로움의 선물을 주신다

구약성경에서 하나님의 '의로움'은 종종 하나님께서 이스라엘 백성과 맺은 언약에 대한 하나님의 신실하심을 의미한다. 하나님께서는 의로움에 변함없이 충실하시다. 이렇게 하나님께서는 의로우시나 우리는 의롭지 못하다. 우리는 종종 의로움이라는 하나님의 목표를 놓쳐버린다. 그래서 하나님을 속이고 하나님의 영광을 나타내지 못하며 하나님의 표준을 유지하는 데 실패한다.

다행스럽게도 하나님께서는 그리스도 안에서 우리에게 하나님의 의로움을 주신다. 하나님께서는 그리스도 안에서 우리를 의로운 자로 여기시고 생명책에 거룩한 자로 등록해주신다. 우리를 좀 더 거룩하게, 또한 하나님께 좀 더 신실하게 만들어주시며 의로운 삶을 살게 하신다. 그리스도의 의로움의 옷을 입은 우리는 사랑으로 맺은 하나님과의 언약 안에서 신실한 삶을 살아간다.

JESUS GIVES US
THE GIFT OF RIGHTEOUSNESS

So we, too, have put our faith in Christ Jesus that we may be justified by faith in Christ and not by observing the law, because by observing the law no one will be justified.(GALATIANS 2:16B)

In the Old Testament, God's "righteousness" often means His faithfulness to the covenant He made with Israel. God in His righteousness is completely loyal–He always follows through.

The same can't be said about us. We regularly miss the mark. We cheat on God; we fail to reflect His glory and uphold His standards.

Fortunately, in Christ, God gives us His righteousness. He counts us righteous in Christ, giving us an unblemished record, and He makes us more holy, more faithful to Him and His ways of living. Clothed in the righteousness of Christ, we live in a loving, connected, faithful covenant with God.

29 예수님은 우리에게 모든 신령한 복을 주신다

"찬송하리로다 하나님 곧 우리 주 예수 그리스도의 아버지께서 그리스도 안에서 하늘에 속한 모든 신령한 복을 우리에게 주시되."(에베소서 1:3)

우리는 안전한 지역에서 살 때도 우리 삶을 방어적으로만 지킬 뿐 자신과 다른 사람에게 도움이 되지 못하는데, 이것이 인간의 본성이다.

포도나무가 햇빛을 향해 뻗어 올라가는 것처럼 우리 역시 번창하기를 절실히 원한다. 그래서 우리는 그리스도를 따르는 삶이 우리 자신보다 전적으로 그리스도를 신뢰하고 그리스도에 의지하는 삶이라는 사실을 깨달아도 때때로 그리스도 따르기를 망설이고 주저하며 뒷걸음친다.

그러나 하나님께서 우리를 "그리스도 안에서 하늘에 속한 모든 신령한 복으로 우리에게 복 주시되"(엡 1:3)라는 사실을 기억할 때 우리는 두려움이 사라지고 안정감을 누린다. 그리스도 한 분만으로도 충분하다는 믿음이 있다면 우리에게는 그 이상의 어떤 것도 필요하지 않다. 그리고 우리가 이 땅에 사는 동안 하나님께서 우리를 위해 예비하신 하늘에 속한 신령한 복을 파괴하거나 제거할 수 있는 것은 하나도 없다. 우리가 주 예수님을 의지할 때 우리는 자신의 힘으로 할 수 있는 어떤 것보다도 더욱 완전하게, 더욱 풍성하게 살아가게 된다.

JESUS GIVES US
EVERY SPIRITUAL BLESSING

Praise be to the God and Father of our Lord Jesus Christ, who has blessed us in the heavenly realms with every spiritual blessing in Christ.
(EPHESIANS 1:3)

It's human nature: We can't help but guard our lives protectively, even at times territorially. Like vines climbing toward sunlight, we desperately want to thrive. And when following Christ means trusting Him and depending on Him rather than ourselves, sometimes we balk.

But our fears settle when we remember that God has blessed us "in the heavenly realms with every spiritual blessing in Christ" (Ephesians 1:3b). There is nothing we need that is beyond Christ's sufficiency, and there is nothing on earth that can destroy or diminish the blessings God holds for us "in the heavenly realms." When we depend on Jesus, we thrive more completely, more abundantly than we ever could on our own.

30 예수님은 우리를 하나님께 가까이 인도하신다

> "이제는 전에 멀리 있던 너희가 그리스도 예수 안에서 그리스도의 피로 가까워졌느니라." (에베소서 2:13)

사도 바울은 "어떤 의미에서 우리 모두는 인생 여정에서 한때는 이방인이었다"라고 말한다. 우리 모두는 하나님의 목적 밖에 있었다.

"그때에 너희는 그리스도 밖에 있었고 이스라엘 나라 밖의 사람이라 약속의 언약들에 대하여는 외인이요 세상에서 소망이 없고 하나님도 없는 자이더니."(엡 2:12)

우리 마음은 하나님으로부터 멀리 떠나 있어서 마음의 원대로 살아가는 우리의 삶은 마치 미치광이처럼 흑암과 혼돈 속에서 헤매고 있었다. 그러나 그리스도 안에서 하나님께서는 우리를 그분에게로 가깝게 이끄셨다. 우리는 하나님의 자녀다. 하나님께서는 그분이 말씀하시는 음성과 심장 소리를 듣기에 충분하도록 우리에게 가까이 다가오셨다. 이제 우리는 하나님과 가까워지기 위해 계속 노력하지 않아도 된다. 우리는 더는 소망이 없는 자가 아니며, 하나님 가까이에서 사는 특권을 가지게 되었다.

JESUS BRINGS US
NEAR TO GOD

But now in Christ Jesus you who once were far away have been brought near through the blood of Christ.(EPHESIANS 2:13)

In a certain sense, Paul tells us, we've all been Gentiles at one time in our lives or another: We've all been outside the purposes of God, "without hope and without God in the world" (Ephesians 2:12b). Our hearts were far away from Him, our lives a crazy mess of trying to figure things out on our own.

But in Christ, God has brought us near to Himself. We are His children, and He holds us close enough to hear His voice speaking to us and guiding us, to hear His heartbeat. We're no longer struggling on our own, no longer without hope. We have the privilege of living close to God.

31 | 예수님은 우리를 불안으로부터 자유롭게 하신다

"아무것도 염려하지 말고 다만 모든 일에 기도와 간구로, 너희 구할 것을 감사함으로 하나님께 아뢰라 그리하면 모든 지각에 뛰어난 하나님의 평강이 그리스도 예수 안에서 너희 마음과 생각을 지키시리라."(빌립보서 4:6-7)

불안은 평강을 빼앗는 대표적인 적으로, 우리의 수면과 온전한 정신을 위협한다. 이런 위협은 우리가 다른 사람을 비난함으로써 근심과 걱정이 많아질 때 생겨나고, 우리가 누리는 화평은 달아나버린다.

예수님은 우리에게 평강을 주시며, 우리가 가진 불안을 누그러뜨리시고 진정시키신다. 이에 우리의 불안은 극복될 수 있다. 사도 바울은 불안이 우리를 흔들고 괴롭게 할 때 불안을 가지게 하는 복잡한 문제들을 기도로써 하나님의 손에 올려드리면 마음의 불안을 제거할 수 있다고 말한다.

우리가 이렇게 기도할 때 비록 평강을 누리는 이유를 알지 못하더라도 하나님의 평강이 하늘로부터 우리에게 임함으로써 우리의 영은 진정된다. 그리스도 안에서 우리의 마음과 정신은 평강을 위협하는 모든 공격으로부터 안전하게 지켜지고 보호받는다.

JESUS FREES US
FROM ANXIETY

Do not be anxious about anything, but in everything, by prayer and petition, with thanksgiving, present your requests to God. And the peace of God, which transcends all understanding, will guard your hearts and your minds in Christ Jesus.(**PHILIPPIANS 4:6–7**)

Anxiety is the chief enemy of peace. Anxiety threatens our sleep and our sanity. And it's when we're anxious that w're most likely to lash out at others, ruining our peace with them and with ourselves.

Jesus soothes our anxiety by offering us His peace. Our anxiety can be overcome, Paul tells us, by praying–removing our anxieties from our heart, where they stir us and trouble us, and placing them in His hands. As we do so, God's peace will flow from heaven, soothing our spirits, even if we can't understand why we have the peace that we do. In Christ, our hearts and minds are guarded, safe and secure from every threat to peace.

32 예수님은 믿음의 경주에서 인내하도록 우리를 도우신다

고등학생 딸을 둔 한 아버지는 딸이 활동하는 국토 횡단팀에서 '팀의 아빠'였다. 그는 딸이 국토 횡단을 할 때 함께 참가해 텐트를 챙기고 쉬는 시간에 마실 음료를 제공했다. 그리고 무엇보다 중요한 것을 준비해 갔는데, 바로 선수들을 응원하는 격려의 말이었다. 그는 팀원들이 열심히 걷고 뛰며 국토 횡단을 할 때 앞선 이들과 뒤처진 이들 사이를 오가며 팀원들을 격려하고 응원하는 일을 잘 감당했다.

예수님은 가장 멋진 아버지와도 같은 우리 '팀의 아빠'이시며 하늘과 땅을 오르내리시면서 우리 앞에 있는 경주를 다 마치셨다. 예수님은 십자가 위에서 끔찍한 고통을 받으면서도 우리를 위해 기도하셨고, 지금도 우리에게 감당할 힘을 주시면서 응원하시고 끝까지 믿음의 경주에서 낙오자가 되지 않도록 격려하신다. 우리가 믿음의 주요 온전하게 하시는 주 예수님을 계속 바라볼 때 우리는 승리와 기쁨으로 결승점을 무사히 통과할 것을 확신하게 된다.

JESUS HELPS US
PERSEVERE IN THE RACE OF FAITH

Keep your eyes on Jesus, who both began and finished this race we're in.(HEBREWS 12:2A THE MESSAGE)

He was the "team dad." The year his daughter ran high school cross-country, he brought a tent and a cooler full of drinks to every single meet. But he brought something more important than shade and electrolytes: He brought encouragement. He positioned himself throughout the course, darting back and forth in order to cheer the runners on at different points in the race.

Jesus goes above and beyond even the best team dad, because He has run the race before us. Having run the distance on the cross, He now cheers for us, enabling and supporting us in the race. When we keep our eyes on Him, we're sure to cross the finish line with victory and joy.

33 예수님은 우리에게 주님의 일을 수행할 능력을 주신다

"내가 진실로 진실로 너희에게 이르노니 나를 믿는 자는 내가 하는 일을 그도 할 것이요 또한 그보다 큰일도 하리니 이는 내가 아버지께로 감이라." (요한복음 14:12)

의심의 여지없이 예수님은 지상에 계시는 공생애 기간에 놀라운 기적들을 행하셨다. 예수님은 병든 자를 고치셨고 죽은 자를 살리셨다. 또한 낙심한 이들을 격려하셨고, 문제 많은 이들을 만나주셨으며, 상처받은 이들을 위로하셨다.

무엇보다 놀라운 일은 예수님이 우리에게 이 땅에서 그 일들을 계속하라고 말씀하셨다는 것이다. 우리에게는 잃어버리고 상처받은 세상에 하나님의 구원과 치유, 사랑 회복의 메시지인 복음을 선포하는 영광과 책임이 주어졌다.

그런데 우리는 이런 사명을 자신의 힘과 자원으로 감당하지 못한다. 예수님은 우리에게 그분이 하시던 사역을 계속하도록 성령을 보내 우리를 인도하시고 올바른 방향으로 이끌어주시며 감당할 능력을 주겠다고 약속하셨다. 우리가 가깝게, 겸손하게 예수님을 따를 때 우리는 예수님이 행하셨던 기적의 증인이 될 뿐 아니라, 주님이 행하시는 놀라운 일에 사역자로 참여하게 된다.

JESUS GIVES US
THE POWER TO CARRY ON HIS WORK

I tell you the truth, anyone who has faith in me will do what I have been doing. He will do even greater things than these, because I am going to the Father. (JOHN 14:12)

Unquestionably, Jesus did amazing things during His earthly ministry. He healed the sick and raised the dead; He comforted and confronted and consoled.

What's even more amazing, though, is that He has instructed us to continue His work on earth. We have been given the honor and responsibility of proclaiming the gospel–the message of God's saving, healing, restoring love–to a lost and hurting world. And we don't have to do this on our own strength and resources: Jesus has promised us the Holy Spirit to guide, direct, and empower us as we continue His ministry.

As we follow Jesus closely and humbly, we witness–and participate in–His miracles.

34 예수님은 우리에게 자유의 선물을 주신다

우리는 모두 어떤 면에서 바리새인의 역할을 수행했다. 우리는 자신의 장점들을 통해 어떻게 해서라도 하나님께 도달하려는 소망으로 착한 행실을 많이 쌓았다. 오래전 우리는 마음속에 세운 성취할 수 없는 불가능한 표준의 노예가 되었다.

이런 것이 곧 율법의 길이다. 은혜의 길은 율법의 길과는 다르다. 은혜의 길은 우리가 하나님께로 나아가기 위해 자신의 의로움에 의지하는 것이 아니라, 전적으로 그리스도의 십자가의 희생을 신뢰하는 것이다. 우리가 그리스도의 희생을 신뢰할 때 우리는 진정한 자유를 누리고, 우리의 마음과 정신은 규칙과 죄책감으로부터 해방된다.

율법의 길은 사람을 노예로 삼는다. 어떤 사람도 완전하게 율법을 지킬 수 없기 때문이다. 은혜의 길은 그리스도를 신뢰함으로써 누리는 참된 자유다.

JESUS GIVES US
THE GIFT OF FREEDOM

It is for freedom that Christ has set us free. (GALATIANS 5:1A)

We have all played the role of the Pharisee. We pile up stacks of our good deeds, hoping to somehow reach God through our own merits. Before long, we become slaves to the impossible standards we set in our minds.

Such is the way of the law. The way of grace is different. The way of grace is to put our trust in Christ's sacrifice, not our own righteousness, to bring us to God. When we do that, we experience freedom; our hearts and minds are unchained to rules and guilt.

The way of the law is slavery, because no one can keep the law perfectly. The way of grace is freedom.

35 예수님은 우리를 위해 중보기도를 하신다

"예수는 영원히 계시므로 그 제사장 직분도 갈리지 아니하느니라 그러므로 자기를 힘입어 하나님께 나아가는 자들을 온전히 구원하실 수 있으니 이는 그가 항상 살아계셔서 그들을 위하여 간구하심이라." (히브리서 7:24-25)

사도 요한은 서신에서 "나의 자녀들아 내가 이것을 너희에게 씀은 너희로 죄를 범하지 않게 하려 함이라 만일 누가 죄를 범하여도 아버지 앞에서 우리에게 대언자가 있으니 곧 의로우신 예수 그리스도이시라"(요일 2:1)라고 썼다.

예수님은 우리의 대변자이시다. 예수님은 우리를 대신해 하나님 아버지께 말씀하시고, 우리를 위해 간구하시며, 변호사가 재판장 앞에서 변호하는 것처럼 우리를 변호하신다. 예수님의 의로움은 아버지 하나님의 의로움과 대등하기에 예수님은 우리의 중보자 역할을 감당할 특별한 자격을 갖춘 분이시다.

따라서 우리는 영원토록 살아계셔서 우리를 위해 중보기도를 하시는 의로운 예수님보다 더욱 신실한 중보자, 대변자를 결코 찾을 필요가 없다.

JESUS INTERCEDES
FOR US

Jesus' priesthood is permanent. He's there from now to eternity to save everyone who comes to God through him.
(HEBREWS 7:24–25 THE MESSAGE)

The apostle John writes, "My dear children, I write this to you so that you will not sin. But if anybody does sin, we have one who speaks to the Father in our defense-Jesus Christ, the Righteous One" (1 John 2:1).

Jesus is our advocate. He speaks to the Father on our behalf, interceding for us, His blood cleansing us. He speaks for us as a lawyer speaks to a judge. And Jesus is uniquely qualified for such a role: His righteousness matches God the Father's.

We could never ask for a more faithful intercessor than Jesus. Christ the Righteous, the One who lives forever to intercede for us.

36 예수님은 우리의 문제들과 고통을 짊어지신다

"그는 실로 우리의 질고를 지고 우리의 슬픔을 당하였거늘." (이사야 53:4)

예수님이 끔찍한 고난을 받으셨다는 사실은 숨길 일이 아니다. 하나님께서 창조한 인간으로서 예수님은 우리가 삶의 현장에서 겪는 일상적인 고통은 물론, 많이 걸어서 멍든 발, 굶주림, 목마름 같은 모든 고통을 다 겪으셨다. 또한 육체적으로 가장 고통스럽고 감당하기 힘든 십자가 위에서 죽음까지도 잘 참고 견디셨다. 예수님이 모든 종류의 끔찍한 고통을 끝까지 참고 견딜 수 있으셨던 동기는 무엇일까? 그 답은 우리를 향한 하나님의 위대한 사랑에서 찾을 수 있다. 예수님은 우리를 대신해 고난을 받으셨고, 우리의 죄를 치유하기 위해 고통을 감내하셨다. 그리고 신비로우면서도 실재적인 방법으로 예수님이 참고 견디신 형벌은 마침내 우리에게 화평을 가져다주었다.

독일 신학자인 위르겐 몰트만 박사는 저서에서 "예수님이 십자가에서 못 박혀 죽음을 맞으신 성금요일(Good Friday)은 그리스도가 모든 인간과 함께 가지는 가장 포괄적이고 심오한 교제의 표현이다"라고 했다. 예수님이 행하신 가장 아름다운 일 가운데 하나는 우리를 위해, 그리고 우리와 함께 고난을 받으셨다는 사실이다.

JESUS TAKES ON OUR PROBLEMS AND PAIN

Surely he has borne our griefs and carried our sorrows.
(ISAIAH 53:4A NKJV)

It's no secret that Jesus suffered–horribly. As God made man, He suffered the mundane afflictions we all face–tired feet, bruises, hunger and thirst. But He also endured one of the most physically taxing tortures ever devised, death on a cross.

What would motivate Jesus to endure that kind of pain? The answer is found in His great love for us. He suffered in our place, enduring pain that would bring us healing. And in a mysterious but very real way, the punishment He endured brings us peace.

Jürgen Moltmann writes, "Good Friday is the most comprehensive and most profound expression of Christ's fellowship with every human being." One of the most beautiful things about Jesus is that He suffers with and for us.

37 예수님은 먼저 우리와 사랑의 관계를 시작하신다

| "우리가 사랑함은 그가 먼저 우리를 사랑하셨음이라."(요한일서 4:19) |

사랑은 위험한 일이다. 사랑받는 자가 사랑하는 자를 거절할 가능성이 늘 있고, 사랑하는 자나 사랑받는 자가 상대방이 완전하지 않다는 사실을 발견할 경우 사랑의 관계가 무너지기도 한다.

우리에게 다행스러운 점은 예수님이 십자가 위에서 먼저 우리를 그분에게로 이끄셨고, 우리를 예수님과의 사랑의 교제 안에서 살 수 있게 해주셨다는 것이다. 예수님이 우리를 사랑하심은 우리가 사랑받을 만한 자격이 있어서가 아니라, 예수님이 가지신 사랑의 성품 덕분이다.

《하나님을 아는 지식》의 저자인 J. I. 패커 목사는 책에서 "예수님을 아는 나의 모든 지식은 예수님이 나를 먼저 아시는 지식에 의존한다. 예수님은 나를 사랑하는 친구로 삼아주신다"라고 했다. 우리의 마음은 예수님이 우리를 친구로 원하신다는 사실을 스스로 깨달을 때 기쁨으로 충만해진다.

JESUS INITIATES A RELATIONSHIP WITH US

We love because he first loved us.(1 JOHN 4:19)

Love is a risky thing. There's always the possibility that the beloved will reject the lover, or that their love will fall apart when they discover that the other isn't perfect.

Fortunately for us, Jesus made the first move on the cross, drawing us to Himself and making it possible for us to live in relationship with Him. And His love for us is based not on our lovability but on His loving character.

As J. I. Packer writes, "All my knowledge of Him depends on His sustained initiative in knowing me. ... He knows me as' a friend, One who loves me." Our hearts are filled with joy when we realize that Jesus wants us to be His friend.

38 예수님은 우리를 거룩하게 하신다

"남편들아 아내 사랑하기를 그리스도께서 교회를 사랑하시고 그 교회를 위하여 자신을 주심같이 하라 이는 곧 물로 씻어 말씀으로 깨끗하게 하사 거룩하게 하시고."
(에베소서 5:25-26)

한 어머니가 어린 아들이 밖에서 진흙을 가지고 뭔가를 만들면서 노는 모습을 지켜보고 있었다. 진흙 때문에 아들의 몸과 옷이 더러워진 것을 본 어머니는 달갑지 않았다. 잠시 뒤 어머니는 놀고 있던 아들을 집으로 데려가 진흙으로 더러워진 몸을 씻기고 깨끗한 옷으로 갈아입혔다.

같은 방식으로, 예수님은 죄로 더러워진 우리를 말씀의 물로 씻어 깨끗하게 해주시고 거룩하게 만드신다. 우리를 이기심과 교만으로부터 멀리 떨어진 겸손과 동정, 온유와 인내, 친절의 새 옷으로 갈아입히신다.

마음 착한 어머니가 자신의 어린 자녀를 위해 하는 것처럼, 예수님은 심지어 우리가 죄로 더러워져 있을 때도 우리를 사랑하실 뿐 아니라, 죄의 방식대로 사는 우리가 그런 더러운 삶에서 벗어날 수 있도록 사랑을 쏟아부으신다.

JESUS MAKES US HOLY

Christ loved the church and gave himself up for her to make her holy.
(EPHESIANS 5:25B-26A)

Watch a mother with her toddler after he's just spent the afternoon making mud pies. She doesn't love him any less just because he's muddy. But she does set him in a bath and gently sponge off the layers of dirt, and then she gives him a fresh set of clothes.

In the same way, Jesus cleanses us, washing us and making us holy. He gives us a new set of clothes too—clothes of humility, compassion, gentleness, patience, and kindness, a far cry from our soiled suit of selfishness and pride.

Just like a good mom, Jesus loves us even when we're dirty, But He loves us too much to leave us that way.

39 예수님은 우리를 죄 짓는 삶에서 건져내신다

"그가 우리를 흑암의 권세에서 건져내사 그의 사랑의 아들의 나라로 옮기셨으니 그 아들 안에서 우리가 속량 곧 죄 사함을 얻었도다."(골로새서 1:13-14)

인질로 잡혀온 사람들은 언제 풀려날지 모른다는 불확실함 속에서 몇 개월간 감옥에 갇혀 있었고, 어두운 감옥에서 감각이 둔해진 채 두려움에 떨며 지냈다. 그러던 어느 날, 갑자기 밖에서 시끄러운 소리가 들려오고 처음 보는 얼굴들이 나타났지만 그들은 무슨 일이 벌어지고 있는지 전혀 인지하지 못했다. 그들은 잠시 동안 상황을 살폈고, 마침내 자신들이 석방된다는 사실을 깨달았다. 그들이 재빨리 인지하지 못했던 낯선 상황은 석방 과정에서 일어난 일이었다. 그들은 마침내 석방되어 집으로 돌아왔고 더는 속박받지 않는 안전한 삶을 살았다.

우리도 한때는 지은 죄 때문에 어둠 속에 갇혀 살았다. 그리고 예수님이 우리의 삶으로 들어오셨을 때 구원받았다. 예수님이 죄 가운데 있는 우리를 찾아내심으로써 우리는 이전과는 비교할 수 없는 풍성한 삶을 살게 되었다. 예수님이 십자가 위에서 우리를 위한 대속의 죽음을 감내하심으로써 우리에게 하나님과 연결될 수 있는 다리를 마련해 주셨다. 예수님은 우리의 훌륭한 구원자요, 영웅과도 같은 위대한 분이시다.

JESUS RESCUES US FROM A LIFE OF SIN

> For he has rescued us from the dominion of darkness and brought us into the kingdom of the Son he loves, in whom we have redemption, the forgiveness of sins.(COLOSSIANS 1:13-14)

The hostages, their senses dulled after months of prison and uncertainty, huddled in the dark. Suddenly, their consciousness was interrupted–noises, unfamiliar faces. It took them a minute to figure out what was going on, but soon they realized: They were being rescued. They had been found and were being led to safety.

We too once huddled in the darkness of our sin. And we too were rescued when Jesus came into our lives. He found us and led us to a better life–and His death on the cross provided a bridge to reach it. Jesus is our great Savior and Hero.

40 예수님은 우리가 유일하고 참되신 하나님께로 나아갈 수 있게 해주신다

"너희도 그 안에서 충만하여졌으니 그는 모든 통치자와 권세의 머리시라."
(골로새서 2:10)

때때로 예기치 않은 일이 벌어졌을 때 우리가 믿는 그분께서 모든 것을 다스릴 수 있는 충분한 능력의 하나님이시라면 스스로에게 묻게 되는 질문이 있다. 하나님께서는 우리의 중독 문제를 치유할 수 있으신가? 하나님께서는 우리의 상한 마음을 치유할 수 있으신가? 하나님께서는 우리를 보호할 수 있으신가? 만일 우리가 예수님을 신뢰한다면 이 질문들에 대한 답은 "물론 그렇습니다"이다. 하나님께서는 모든 것을 주관하는 분이시기에 어떤 일도 하나님의 관심에서 벗어날 수 없고, 하나님의 통제를 넘어설 수 없다. 그래서 하나님께서는 "자비의 아버지시요 모든 위로의 하나님이시며 우리의 모든 환난 중에서 우리를 위로하사 우리로 하여금 하나님께 받는 위로로써 모든 환난 중에 있는 자들을 능히 위로하게 하시는"(고후 1:3-4) 분이시다.

하나님께서는 우리의 삶을 주관하시고 다스리신다. 그래서 하나님의 사랑과 능력은 우리가 납득하기 어렵고 받아들이기 힘든 어떤 상황에서도 신뢰할 수 있다. 그리스도 안에서 하나님께서는 언제나 우리의 모든 필요를 채워주신다.

JESUS GIVES US
ACCESS TO THE ONE TRUE GOD

You have been given fullness in Christ, who is the head over every power and authority.(COLOSSIANS 2:10B)

Every now and then, something happens that makes us ask ourselves if our God is God enough. Can He handle our addictions? Can He heal our hearts? Can He protect us?

If we have put our trust in Jesus, the answer is a resounding yes. He is God over all–there is nothing that escapes His attention, and nothing is beyond His control. And He is "the Father of compassion and the God of all comfort, who comforts us in all our troubles, so that we can comfort those in any trouble" (2 Corinthians 1:3b-4b). He is in control of our lives, and His love and strength can be trusted even in the worst of times.

In Christ, we have all the God we could ever need.

41 예수님은 우리에게 결코 썩지 않고 쇠하지 않는 유업을 주신다

우리가 경제적으로 어려움 없이 모든 일이 잘되고 있다고 여길 때 우리 마음은 편안하다. 마찬가지로, 우리 삶이 언제 끝날지 모르는 고통스러운 문제나 코로나19 같은 전염병으로 힘들 때 우리 마음은 불안하기만 하다. 다만, 어렵고 힘든 상황에서도 우리에게 돈이 넉넉하다면 마음이 흔들리거나 당황하지 않는다. 예수님은 우리 자신을 위해 보물을 쌓아두라고 말씀하신다.

"오직 너희를 위하여 보물을 하늘에 쌓아두라 거기는 좀이나 동록이 해하지 못하며 도둑이 구멍을 뚫지도 못하고 도둑질도 못 하느니라."(마 6:20) 그리고 사도 베드로는 이렇게 말한다. "썩지 않고 더럽지 않고 쇠하지 아니하는 유업을 잇게 하시나니 곧 너희를 위하여 하늘에 간직하신 것이라."(벧전 1:4)

하늘의 유업과 하나님께서 우리를 위해 공급해주시는 모든 것은 온전히 믿고 신뢰할 만하다. 이런 하늘의 유업에 대한 믿음은 많은 재물을 소유한 것과는 비교할 수 없는 든든함과 평안을 가져다준다.

JESUS OFFERS US AN INHERITANCE THAT WILL NEVER SPOIL OR FADE

In his great mercy he has given us new birth into a living hope through the resurrection of Jesus Christ from the dead, and into an inheritance that can never perish, spoil, or fade–kept in heaven for you.
(1 PETER 1:3B-4)

There's a peace that comes to us when we know we're doing okay financially. Likewise, there's an anxiety that plagues our lives when we aren't quite sure how ends are going to meet. When we have money, we feel in control.

But Jesus tells us to store up treasure for ourselves "treasures in heaven, where moth and rust do not destroy, and where thieves do not break in and steal" (Matthew 6:20b). And Peter tells us that as part of our adoption as God's children, we have . a heavenly inheritance that is incorruptible, untouchable.

This inheritance–and God's provision for us in general–is completely reliable, and brings a greater sense of assurance and peace than any amount of money.

42 예수님은 우리를 위해 기도하신다

"그러므로 자기를 힘입어 하나님께 나아가는 자들을 온전히 구원하실 수 있으니 이는 그가 항상 살아 계셔서 그들을 위하여 간구하심이라."(히브리서 7:25)

기도 제목을 나눌 때 우리는 마음의 안정과 편안함을 느낀다. 서로 기도 제목을 나누고 기도하면 친구와 가족이 우리의 필요를 기도로써 하나님 앞에 가져오고 있다는 사실을 알게 되어 깊은 위안을 얻는다.

예수님이 날마다 우리를 위해 기도하신다고 생각하면 이는 매우 놀랍고 감동적인 일이다. 예수님은 우리가 하나님의 사랑을 바로 알고 하나가 되도록 우리를 위해 기도하셨다(요 17:20-23). 또한 예수님은 시몬 베드로의 믿음이 떨어지지 않도록 그를 위해 기도하셨다(눅 22:32). 예수님은 우리를 세밀하게 아시고, 우리가 아는 것보다 더 우리의 필요를 잘 아신다. 그리고 하나님의 보좌 우편에 앉아계시면서 누구보다도 우리의 필요를 담대하게 하나님 앞에 아뢰신다.

예수님이 우리를 위해 기도하신다는 것은 참으로 놀라운 일이다. 왕 중 왕이신 예수님이 우리를 위해 기도하신다는 사실은 특별히 감탄할 만한 일이다.

JESUS PRAYS
FOR US

> Therefore he is able to save completely those who come to God through him, because he always lives to intercede for them.(HEBREWS 7:25)

We feel better when we share prayer requests–it's deeply comforting to know that friends and family are bringing our needs before God in prayer. It's amazing to think that Jesus does the same for us every day.

He prayed for us that we would be unified and know His love (John 17:20–23). He prayed for Simon, that his faith would not fail(Luke 22:32). Jesus knows us intimately and knows our needs better than we do. And, sitting at the right hand of the Father, He is more than able to bring our needs before Him with boldness.

It is indeed wonderful to be prayed for. And it's especially wonderful to be prayed for by the King of Kings Himself.

43 예수님은 우리에게 영원한 생명을 주신다

"하나님이 세상을 이처럼 사랑하사 독생자를 주셨으니 이는 그를 믿는 자마다 멸망하지 않고 영생을 얻게 하려 하심이라." (요한복음 3:16)

예수님은 공생애 기간에 종종 영원한 삶(영생)에 관해 말씀하셨다. 십자가의 고난을 받기 전 예수님은 대제사장으로서 하나님 앞에 기도하시면서 영생이 무엇인지 정확히 말씀하셨다.

"영생은 곧 유일하신 참 하나님과 그가 보내신 자 예수 그리스도를 아는 것이니이다." (요 17:3)

영생은 하나님을 아는 것이며, 예수님은 어떻게 하나님께서 그분을 우리로 하여금 알게 하셨는지 계시한 분이시다. 예수님은 하나님을 보여주시고자 오셨다.

예수님은 제자 빌립에게 말씀하셨다.

"빌립아 내가 이렇게 오래 너희와 함께 있으되 네가 나를 알지 못하느냐 나를 본 자는 아버지를 보았거늘 어찌하여 아버지를 보이라 하느냐." (요 14:9)

또한 예수님은 "태초에 말씀이 계시니라 이 말씀이 하나님과 함께 계셨으니 이 말씀은 곧 하나님이시니라"(요 1:1)라고 말씀하셨다. 예수님은 하나님의 성품을 가장 잘 나타내는 정확한 대표자이시다.

"이는 하나님의 영광의 광채시요 그 본체의 형상이시라 그의 능력의 말씀으로 만물을 붙드시며 죄를 정결하게 하는 일을 하시고 높은 곳에 계신 지극히 크신 이의 우편에 앉으셨느니라."(히 1:3)

영원한 삶(영생)은 하나님의 임재의 빛 가운데 있는 삶이다. 그리고 예수님은 하나님의 임재를 좀 더 가까이 경험하고 하나님의 임재 안에서 살도록 우리를 도와주셨다.

JESUS GIVES US
ETERNAL LIFE

Jesus often talked about eternal life. And in John 17:3, He tells us exactly what eternal life is when He prays, "Now this is eternal life: that they may know you, the only true God, and Jesus Christ, whom you have sent."

Eternal life is knowing God, and Jesus is how God makes Himself known. Jesus came to reveal God–"Anyone who has seen me has seen the Father," He told His disciple Philip (John 14:9b). He is the Word of God (John 1:1) and the exact representation of God's character (Hebrews 1:3).

Eternal life is life in light of God's presence, and Jesus brought the presence of God near and available to us.

44 예수님은 우리에게 사는 방법을 보여주신다

"내가 너희에게 행한 것같이 너희도 행하게 하려 하여 본을 보였노라."
(요한복음 13:15)

경건한 삶은 정확히 우리의 본성이 아니다. 그래서 다른 사람의 관심사(이익)를 추구하는 것이 어렵고, 오른뺨을 때리면 왼뺨을 돌려 대는 것이 불가능하다. 하지만 다행히도 우리는 예수님 안에서 어떻게 다른 사람을 섬기고 하나님을 사랑할지를 보여주는 경건한 삶의 모델을 만난다.

마치 어린 아이가 아버지와 어머니를 지켜보며 자신의 습관과 삶의 가치를 개발하고 성장하는 것처럼, 우리가 예수님을 본받을 때 우리는 예수님의 사랑은 물론, 불쌍히 여기는 마음과 삶의 우선순위를 배우면서 성장한다.

제자들의 발을 씻기시는 예수님을 지켜보며 인간관계에서 예수님과 동일한 겸손한 태도를 본받을 때 우리는 좀 더 예수님을 닮게 되고, 이런 우리의 경건한 삶이 온 세상에 예수님의 아름다운 모습을 전파하게 된다.

JESUS SHOWS US
HOW TO LIVE

Godliness isn't exactly in our nature–looking to the interests of others is difficult, turning the other cheek next to impossible.

Fortunately, in Jesus we have a model, someone who shows us how to serve others and love God. Just as a child grows up watching his father and develops his habits and values, when we imitate Jesus, we grow to develop His love and compassion, His set of priorities. Watching Him wash His disciples' feet and adopting that same attitude of humility in our own relationships, we become like Him, spreading the beauty of Jesus throughout the world.

45 예수님은 언제나 우리를
만나주신다

영적 지도자가 교회에 있을 때와 출타 중일 때 완전히 다른 모습을 보이는 사람들이 있다. 훌륭한 영적 지도자는 성도들이 열심히 모이도록 그들을 활력과 열정으로 무장하게 만들고, 성도들로 하여금 활발히 활동하고 봉사하면서도 영적으로 안정감을 가지게 만든다.

물론 예수님은 완전한 목자이시자 참으로 훌륭한 지도자이시다. 비록 육체적으로 더는 이 땅에 살아계시지 않지만, 우리는 믿음의 성도들을 만날 때마다 그들 중에 함께 있겠다는 예수님의 확실한 약속을 믿는다.

예수님은 의심의 여지없이 우리 옆에 앉아 있는 것처럼 함께하시면서 우리를 강하게 하시고, 다른 사람들을 통해 우리에게 말씀하시며, 또 우리를 통해 그들에게 말씀하신다.

언제든 우리가 모일 때마다 아주 귀하고 중요한 손님으로 함께하시겠다는 예수님의 약속을 굳게 믿어야 한다.

JESUS MEETS
WITH US

When two or three of you are together because of me, you can be sure that I'll be there.(MATTHEW 18:20 THE MESSAGE)

There are some groups that are never quite the same when the leader isn't present. A good leader brings a sense of dynamism and enthusiasm to a meeting and makes his flock feel energized and safe.

Jesus, of course, is the perfect Shepherd, a truly great leader. And even though He is no longer physically present, we have the promise that when we meet with other believers, He is there. He is there, as surely as if He were sitting next to us, to strengthen and speak to us through others and use us to strengthen and speak to them.

Anytime we get together, we have the promise of a very important Guest.

46 예수님은 우리의 이름을 알고 부르신다

"문지기는 그를 위하여 문을 열고 양은 그의 음성을 듣나니 그가 자기 양의 이름을 각각 불러 인도하여 내느니라."(요한복음 10:3)

어떤 사람이 당신의 이름을 부르는 것을 듣지 못했는데도 당신은 그를 따라갈 수 있는가? 우리는 어느 순간 낙심해 좌절할 때 누군가가 직접 격려의 말을 해주기를 간절히 바란다.

예수님은 나다나엘을 만나셨을 때 이렇게 말씀하셨다.

"예수께서 나다나엘이 자기에게 오는 것을 보시고 그를 가리켜 이르시되 보라 이는 참으로 이스라엘 사람이라 그 속에 간사한 것이 없도다."(요 1:47)

나다나엘은 전에 한 번도 만난 적이 없는데도 예수님이 자기를 무척 잘 알고 계시다는 말씀을 듣고 깜짝 놀랐다. 우리 또한 예수님이 우리를 잘 아신다는 사실을 깨달을 때 나다나엘 같은 놀라움을 느낀다. 예수님은 우리를 잘 아시기에 우리 각자의 이름을 부르신다.

예수님은 우리에게 하나님을 뵙고 알 수 있는 기회를 주시며, 또한 우리가 그분께 알려질 수 있는 기회도 주신다.

JESUS KNOWS US
BY NAME

He calls his own sheep by name and leads them out. (JOHN 10:3B)

How long could you go without hearing someone say your name? A week? An hour? At some point, you would break down, desperate to know that someone was speaking directly to you.

When Jesus met Nathanael, He said, "Here is a true Israelite, in whom there is nothing false" (John 1:47b). Nathanael was awed that Jesus knew him without ever having met him–and the same awe overtakes us when we realize that He knows us that well too. He knows us and calls us by name.

Jesus gives us the opportunity to see and know God. But He also gives us the opportunity to be known by Him.

47 예수님은 우리의 가장 깊은 갈증을 풀어주신다

"예수께서 대답하여 이르시되 이 물을 마시는 자마다 다시 목마르려니와 내가 주는 물을 마시는 자는 영원히 목마르지 아니하리니 내가 주는 물은 그 속에서 영생하도록 솟아나는 샘물이 되리라." (요한복음 4:13-14)

우리 몸에는 물이 반드시 필요하다. 우리 몸의 모든 기관에 물이 충분할 때 육체적으로 좀 더 만족감을 느끼고, 정신적으로도 집중할 수 있다. 우리는 한 번에 얼마만큼의 물을 마셔야 하는지와 상관없이 언젠가는 다시 갈증을 느끼게 마련이다.

예수님이 이 땅에 계시던 어느 날 우물가에서 사마리아 여인을 만나셨을 때 그 여인에게 영원히 목마르지 않는 물을 줄 수 있다고 말씀하셨다. 오늘날에도 예수님은 동일하게 영원히 목마르지 않는 물을 우리에게 주신다. 그것은 우리 안에서 솟아오르는 새로운 생명의 흐름과 같은 것이며, 우리의 영혼을 새롭게 하고 우리의 가장 깊은 목마름(갈증)을 풀어준다. 따라서 예수님이 주시는 물을 마시면 우리는 결코 다시 목마르지 않을 것이다.

JESUS QUENCHES
OUR DEEPEST THIRSTS

Jesus answered, "Everyone who drinks this water will be thirsty again, but whoever drinks the water I give him will never thirst. Indeed, the water I give him will become in him a spring of water welling up to eternal life." (JOHN 4:13-14)

Our bodies desperately need water. When we have enough water in our system, we feel more content physically and more able to focus mentally. No matter how much water we drink, though, sooner or later we're going to feel thirsty again.

When Jesus was on earth, He stood next to a well with a Samaritan woman and told her He could offer water that would end her thirst for good. Today, His offer is the same streams of new life welling up within us, renewing our spirit and satisfying our most deeply felt thirsts. And with the water Jesus gives, we'll never thirst again.

48 예수님은 우리의 모습 그대로 받아주신다

건강한 삶을 사는 데 따뜻하고 다정한 포옹(안아줌)이 얼마나 필요한지에 대한 확실한 결론은 아직 나오지 않았다. 그러나 한 연구 보고에 따르면 건강하게 살려면 하루에 4~12회 정도 안아줌이 필요하다고 한다. 하루에 몇 번씩 안아줌을 하는지와는 상관없이, 지금이나 앞으로도 우리에게는 수용과 사랑의 표현인 순박한 안아줌이 필요하다.

예수님 안에서 우리의 아버지 하나님께서는 집을 나갔다가 돌아온 탕자인 아들을 향해 먼저 달려가 기쁘게 맞이하는 어느 아버지처럼, 우리를 향해서도 달려오셔서 우리를 넓은 품에 안으신다.

이렇게 아버지가 집에 돌아온 아들을 안아주는 것은 죄가 없기 때문이 아니다. 하나님 아버지는 긍휼과 자비가 많은 분이시다. 그래서 우리는 하나님의 긍휼하심으로, 조건 없이 용납해주시는 하나님의 은혜(안아주심) 안에서 살아간다.

JESUS ACCEPTS US

The jury is still out on how many hugs we need in order to be healthy–studies suggest anywhere from four to twelve per day. Whatever the number, all of us need a simple embrace every now and then, an expression of acceptance and love.

In Jesus, God our Father runs toward us, the prodigal, and embraces us. It's not that we are sinless. It's that He is merciful. And by His mercy, we are able to live our lives in an embrace with God.

49 예수님은 우리가 주님을 찾을 때 만나주신다

> "내가 또 너희에게 이르노니 구하라 그러면 너희에게 주실 것이요 찾으라 그러면 찾
> 아낼 것이요 문을 두드리라 그러면 너희에게 열릴 것이니 구하는 이마다 받을 것이요
> 찾는 이는 찾아낼 것이요 두드리는 이에게는 열릴 것이니라." (누가복음 11:9-10)

우리는 인류 역사를 통해 우주의 의미를 찾아내기가 어렵다는 사실을 발견했다. 어떤 사람에게는 하나님을 찾는 일이 깨우침과 계몽의 사닥다리를 올라가야 다다를 수 있는 일처럼 아주 멀게만 느껴진다.

그러나 예수님 안에서 하나님께서는 하늘로부터 내려오셨고 우리와 함께 사셨다. 하나님께서는 보여지고 알려지기를 원하셨다. 사도 바울은 아덴 사람들에게 복음하며 이렇게 말했다.

"이는 사람으로 혹 하나님을 더듬어 찾아 발견하게 하려 하심이로되 그는 우리 각 사람에게서 멀리 계시지 아니하도다."(행 17:27)

하나님께서는 우리가 그분을 찾아 만나기를 원하셨다. 하나님께서는 "자기를 찾는 자들에게 상 주시는 분"(히 11:6)이시다. 그래서 예수님은 만일 우리가 구하고 찾고 두드린다면 하나님을 만나는 상을 받게 될 것이라고 약속하셨다.

JESUS IS FOUND BY US
WHEN WE SEEK HIM

Ask and it will be given to you; seek and you will find; knock and the door
will be opened to you. For everyone who asks receives; he who seeks
finds; and to him who knocks, the door will be opened.(LUKE 11:9B-10)

Throughout history, people have found the meaning of the
universe to be elusive. For some, finding God is achieved only by
climbing a ladder of enlightenment, with success always just beyond
reach.

But in Jesus, God came down and lived with us. He wanted to be
seen and known. Paul told the Athenians, "God did this so that men
would seek him and perhaps reach out for him and find him, though
he is not far from each one of us" (Acts 17:27).

God wants to be found by us. He "rewards those who earnestly
seek him" (Hebrews 11:6b). And Jesus promises that if we continue to
ask and seek and knock, we will be rewarded.

50 예수님은 우리를 죄로부터 깨끗하게 하신다

초등학교 3학년 학생들이 무척 들떠 있었다. 그 이유는 바로 담임교사가 마음 편히 물을 마시라고 좋은 필터가 달린 정수기를 교실에 설치해주었기 때문이다. 학생들은 교실 밖에 있는 웅덩이에서 물을 열심히 길어다가 정수기에 부었다. 정수기에 담긴 물은 조금씩 맑은 물로 변해갔지만, 아직까지 식수대에서 나오는 맑고 깨끗한 물과는 거리가 멀었다.

우리가 예수님에게 죄를 고백할 때 예수님은 우리가 고백한 죄를 용서하시고 죄로 인해 우리 영혼에 남겨진 더러운 찌꺼기와 상처를 깨끗하게 제거해주신다. 예수님은 물을 깨끗하게 만드는 어떤 정수기보다도 훨씬 능력이 뛰어난 분이시다. 예수님은 죄로 더러워진 우리 마음을 수정같이 맑고 깨끗하게 만드실 수 있다.

JESUS CLEANSES US
FROM SIN

If we confess our sin, he is faithful and just and will purify us from all unrighteousness.(1 JOHN 1:9)

The third graders were excited. Their teacher had set up a water purification system in their classroom, complete with charcoal and cotton filters, and they were headed outside to collect some puddle water to purify. After processing the water two or three times, it went from brown to faintly yellow. But it was still a far cry from the crystal-clear water that came out of the drinking fountain.

When we confess our sins to Jesus, He forgives them and removes the stain they leave on our souls. More powerful than any filtering system, He is able to purify our murky hearts, leaving them crystal clear.

51 예수님은 우리를 친구라 부르신다

> "이제부터는 너희를 종이라 하지 아니하리니 종은 주인이 하는 것을 알지 못함이라 너희를 친구라 하였노니 내가 내 아버지께 들은 것을 다 너희에게 알게 하였음이라." (요한복음 15:15)

스포츠 팀에서 후보 선수로 지내는 것보다 더 비참한 일은 없다. 핵심 주전이 아닌 선수는 하나의 소망밖에 없을 것이다. 그 스포츠 팀의 감독(팀 대표)과 친해져서 선수 교체 때 선택받는 일이다. 하지만 그때도 교체 선수로 출전하지 못한다면 마음이 편해질 수가 없다.

우리는 예수님을 만날 때 예수님이 우리를 선택하셨기 때문에 택함을 받았다는 의식을 경험한다. 예수님은 이렇게 말씀하신다.

"너희가 나를 택한 것이 아니요 내가 너희를 택하여 세웠나니 이는 너희로 가서 열매를 맺게 하고 또 너희 열매가 항상 있게 하여 내 이름으로 아버지께 무엇을 구하든지 다 받게 하려 함이라." (요 15:16)

예수님은 우리를 고용인이나 단순히 잘 아는 사람 정도가 아니라 자기 친구, 자기 동반자로 택하신다. 예수님이 우리에게 주시는 최고의 선물은 우리를 친구로 삼으시는 것이다.

JESUS CALLS US
HIS FRIENDS

I no longer call you servants, because a servant does not know his
master's business. Instead, I have called you friends, for everything that I
learned from my Father I have made known to you.(**JOHN 15:15**)

Picked last. There's nothing worse. And if you're a less–than stellar
athlete, you have one hope: If one of your friends is a team captain, he
might pick you early in the rotation. There's no feeling of relief quite
like being chosen.

When we meet Jesus, we experience that sense of chosenness,
because He chooses us–"You did not choose me, but I chose you and
appointed you to go and bear fruit–fruit that will last" (John 15:16a).
And He chooses us not to be His employees or even acquaintances,
but His friends, His companions. Jesus' greatest gift to us is His
friendship.

52 예수님은 우리에게 하나님 아버지의 사랑을 보여주신다

"하나님의 사랑이 우리에게 이렇게 나타난바 되었으니 하나님이 자기의 독생자를 세상에 보내심은 그로 말미암아 우리를 살리려 하심이라."(요한일서 4:9)

하나님께서는 우리가 온전히 이해할 수 없고 파악할 수 없는 어떤 속성들을 소유하고 계신다. 우리는 하나님의 완전한 지혜와 놀라운 능력을 결코 이해하지 못할 것이다. 하나님의 위대한 사랑을 이해하는 것은 확실히 어려운 일이다.

우리는 "그 크신 하나님의 사랑 말로다 형용 못 하네. 한없는 하나님의 사랑 다 기록할 수 없겠네. 하나님의 크신 사랑 그 어찌 다 쓸까. 저 하늘 높이 쌓아도 채우지 못하리. 하나님의 크신 사랑은 측량 다 못하네. 영원히 변치 않는 사랑 성도여 찬양하세"라고 하나님의 놀라운 사랑을 찬양한다(찬송가 304장). 예수님이 십자가에 높이 달려 죽으심은 우리를 향한 하나님의 사랑이 극치에 이른 최종적인 상징이다.

"우리가 아직 죄인 되었을 때에 그리스도께서 우리를 위하여 죽으심으로 하나님께서 우리에 대한 자기의 사랑을 확증하셨느니라."(롬 5:8).

그래서 예수님은 여전히 우리에게 하나님의 사랑을 말씀하시고, 하나님 아버지께서 우리를 얼마나 많이 사랑하시는지 회상하게 하신다. 우리는 독생자 예수 그리스도를 통해 우리를 구원하실 만큼 우리를 사랑하시는 하나님을 찬양한다.

JESUS SHOWS US
THE FATHER'S LOVE

This is how God showed his love among us: He sent his one and only Son into the world that we might live through him.(1 JOHN 4:9)

God, being God, possesses some qualities that we will never be able to fully understand. We will never understand His perfect wisdom or His incredible might. And it's certainly hard for us to understand His great love. "The love of God is greater far than tongue or pen could ever tell," goes the hymn.

Jesus, elevated on the cross, is the ultimate symbol of God's love for us–"But God demonstrates his own love for us in this: While we were still sinners, Christ died for us," Paul says (Romans 5:8). And Jesus still speaks to us, reminding us of how much the Father loves us. Praise God for loving us enough to save us through Christ.

53 예수님은 우리를 치유하신다

"그가 찔림은 우리의 허물 때문이요 그가 상함은 우리의 죄악 때문이라 그가 징계를 받으므로 우리는 평화를 누리고 그가 채찍에 맞으므로 우리는 나음을 받았도다." (이사야 53:5)

성경은 모든 사람이 저주 아래 있다고 가르친다. 그래서 우리는 매일 죽음과 질병, 고통을 통해 저주받았다는 것을 느낀다. 예수님은 저주 아래 있는 인간을 구속과 죽음, 파멸로부터 벗어나 하나님께서 창조하신 본래의 상태로 되돌리기 위해 십자가에서 죽으셨다. 예수님은 이 땅에서 공생애 기간에 섬기는 사역을 하실 때 권능의 손에서 나오는 능력으로 연약한 자들을 위로하시고 병든 자들을 고쳐 건강한 삶을 살게 하시며 죽은 자들을 살리셨다.

예수님의 이 놀랍도록 희생적인 십자가 사랑 때문에 우리는 영육 간 온갖 질병에도 치유를 받고, 모든 것이 합력해 선을 이룬다는 귀한 약속의 말씀을 붙들게 되었다.

"우리가 알거니와 하나님을 사랑하는 자 곧 그의 뜻대로 부르심을 입은 자들에게는 모든 것이 합력하여 선을 이루느니라."(롬 8:28)

예수님 안에서 하나님께서는 우리의 가장 어두운 날과 가장 절망적인 환경을 취해 그것들을 구속하시고 아름다운 모습으로 새롭게 만드실 수 있는 창조주이시다.

JESUS BRINGS US
HEALING

But he was pierced for our transgressions, he was crushed for our iniquities; the punishment that brought us peace was upon him, and by his wounds we are healed.(ISAIAH 53:5)

Scripture teaches us that all of creation is under a curse, and we feel it every day–death, disease, suffering. But Jesus died to redeem creation, to buy it back from death and destruction. When He was ministering on earth, He healed the sick and raised the dead, restorative power pouring from His hands to comfort and make well.

Because of His great sacrifice, we experience healing and have the promise that all things will work together for good in our lives (Romans 8:28). In Jesus, God is able to take our darkest days and bleakest circumstances and redeem them, making them beautiful.

54 예수님은 우리에게 천국의 소망을 주신다

"너희를 위하여 하늘에 쌓아둔 소망으로 말미암음이니 곧 너희가 전에 복음 진리의 말씀을 들은 것이라."(골로새서 1:5)

하나님 나라(천국)가 어떤 모습인지 우리는 잘 모른다. 장차 천국에서 무엇을 하며 살게 될까? 천국에 사는 사람들은 지금 우리와 똑같은 모습일까? 우리는 친구들을 알아볼 수 있을까?

우리는 이런 질문들에 확실하게 대답할 수는 없어도 천국이 상상할 수 없을 만큼 멋진 곳일 것이라고 확신한다. 하나님께서는 핍박받은 자들의 눈에서 눈물을 닦아주실 것이다. 또 억압받은 자들에게 공의를 베푸실 것이다. 천국은 새 하늘과 새 땅이 있고, 불의와 불법이 사라져 모든 것이 정의롭고 올바르게 변화된 모습일 것이다.

예수님은 이 땅에 사는 우리의 삶을 다양한 방법으로 풍요롭게 하신다. 하지만 그리스도 안에서 바라는 소망이 이 땅에서의 삶뿐이라면 우리는 어느 누구보다 불쌍한 자들이다(고전 15:19). 그래서 확실하고 분명한 사실은 천국의 약속이 현세에서 흔들릴 수 없는 소망을 우리에게 가져다준다는 점이다.

JESUS GIVES US
THE HOPE OF HEAVEN

You have this faith and love because of your hope, and what you hope
for is kept safe for you in heaven. You learned about this hope when you
heard the message about the truth, the Good News.
(COLOSSIANS 1:5 NCV)

We are not quite sure what heaven will be like. What will we do there? Will people look the same—will we be able to recognize friends?

We do know, however, that heaven will be wonderful. God will wipe the tears from the eyes of the persecuted; He will give justice to the oppressed. There will be a new heaven and a new earth, and all that's wrong will be made right.

Jesus enriches our earthly lives in so many ways, but "if only for this life we have hope in Christ, we are to be pitied more than all men"(1 Corinthians 15:19). So firm, so sure is the promise of heaven that it gives us an unshakeable hope for our present life.

55 예수님은 우리를 다른 사람들과 화목하게 하신다

"그는 우리의 화평이신지라 둘로 하나를 만드사 원수 된 것 곧 중간에 막힌 담을 자기 육체로 허시고."(에베소서 2:14)

　　결혼 상담 전문가에게 친밀하고 좋은 관계를 오랫동안 유지하는 데 가장 중요한 열쇠가 무엇이냐고 물으면 아마 용서를 첫 번째 비결로 꼽을 것이다. 다른 사람들과 가깝고 친밀한 관계를 맺으면서 함께 살아가려면 마치 바퀴가 잘 움직이기 위해 윤활유가 있어야 하듯이 우리에게도 용서와 친절이 필요하다.

　　예수님은 우리가 용서와 종의 마음을 가지는 데 모범이 되신다. 예수님은 우리를 용서하시고, 다른 사람들에게 동일한 은혜를 나타내야 한다고 주장하시며, 주위 사람을 섬기라고 가르치신다. 우리가 예수님의 용서를 체험할 때 우리에게 임하는 평강은 다른 사람을 좀 더 쉽게 용서하는 힘이 된다. 또한 예수님의 사랑은 인간관계에서 종종 벌어지는 갈등과 다툼으로 인한 불안, 걱정으로부터 우리를 해방시킨다.

　　예수님을 마음과 삶의 주님으로 모실 때 우리는 주님이 우리의 짐을 나누어 지신 그 방식으로 다른 사람의 짐을 나누어 질 수 있다.

JESUS GIVES US
PEACE WITH OTHERS

For he himself is our peace.(EPHESIANS 2:14A)

Ask any marriage expert what the keys to a lasting relationship are, and forgiveness will probably top the list. In order to live with others in close relationship, we need forgiveness and kindness to grease the wheels.

Jesus is our model for forgiveness and a servant's heart. He forgives us, insisting that we show the same grace to others, and teaches us to serve those around us. The peace that comes to us when we experience His forgiveness makes it easier for us to forgive. And His love frees us from the anxiety and fear that so often create strife in our relationships.

Having Jesus in our lives enables us to bear with others the way He bears with us.

56 예수님은 우리에게 참된 자유를 주신다

"그러므로 아들이 너희를 자유롭게 하면 너희가 참으로 자유로우리라."
(요한복음 8:36)

프랑스 계몽사상가이자 철학자인 장 자크 루소는 "인간은 자유로운 존재로 태어나지만 어느 곳에서나 어떤 사슬에 묶여 있다"고 말했다. 많은 사람이 정치적이고 사회적인 노예 생활에서는 자유로워졌다. 하지만 자유로운 상태이면서도 여전히 무언가에 붙잡혀 죄의 노예, 중독의 노예로 살아갈 가능성이 있다.

예수님은 이 땅에 오셨을 때 종교적으로 안락하게 살고 있는 당시 종교지도자들에게 도전하셨다. 그들은 자신이 노예가 아니라 아브라함의 자손이라고 주장했지만, 그들의 마음은 여전히 죄의 노예로 살고 있었다. 예수님은 그들에게 하나님의 아들이 자유롭게 해준다면 그들의 마음속에서나 하나님 아버지와의 관계에서 참으로 자유를 누리며 살게 될 것이라고 말씀하셨다.

예수님이 우리를 자유롭게 하실 때 우리는 완전하게, 그리고 참으로 우리 영혼을 노예로 삼고 있는 모든 것으로부터 자유로워진다.

JESUS GIVES US TRUE FREEDOM

So if the Son sets you free, you will be free indeed. (**JOHN 8:36**)

Jean-Jacques Rousseau once wrote, "Man is born free, but everywhere he is in chains." Many of us live free from political and social slavery, and yet it's very possible to be completely free and yet still be a slave–a slave to sin, a slave to doubt, a slave to addiction.

When Jesus came, He challenged the religiously comfortable. They claimed to be sons of Abraham, not slaves; but their hearts were still slaves to sin. If the Son set them free, Jesus told them, they would be truly free–free in their hearts and in their relationship with their Father.

When Jesus sets us free, we are completely, truly free from the things that enslave our souls.

57 예수님은 우리의 기도를 들어주신다

"내 이름으로 무엇이든지 내게 구하면 내가 행하리라." (요한복음 14:14)

한 번도 대화를 나눈 적이 없는 친구가 있다고 상상해보자. 그런 친구 관계는 아마도 오래 가지 못한 채 깨지고 말 것이다. 예수님은 하나님 아버지와 친밀한 관계를 유지하는 한 방법으로써 아침 일찍 일어나 기도로 하나님과 대화하는 습관을 가지고 계셨다.

그래서 예수님은 우리에게 예수님이 누리셨던 동일한 기도의 특권을 주시고, 하나님과 우리 사이에 누릴 수 있는 대화의 자유도 주시며, 하나님께서 우리의 기도를 들으신다는 약속과 함께 간구와 중보 기도 제목을 가지고 하나님께 나아갈 수 있는 능력도 주신다.

그분의 이름으로 드리는 우리의 기도에 응답해주신다는 예수님의 약속은 예수님과의 밀접한 관계와 친근함을 전제로 한다. 우리가 기도하면서 경험하는 하나님과의 막힘없는 의사소통은 예수님과의 친구 관계에서 오는 놀라운 선물이다.

JESUS HEARS
OUR PRAYERS

You may ask me for anything in my name, and I will do it.(JOHN 14:14)

Imagine being friends with someone, yet never talking. The relationship would probably fall apart.

As part of His relationship with His Father, Jesus made communication a habit–He rose early to pray and commune with God. And He offers us the same privilege of prayer, a freedom between us and God, the ability to come to Him with all our requests and petitions, along with the promise that He will hear us.

Jesus' promise to answer prayers made in His name presupposes closeness with Him and familiarity with His purposes. The easy communication we experience in prayer is a result of Jesus' amazing gift of friendship.

58 예수님은 상처받은 자들을 깊이 동정하신다

"상한 갈대를 꺾지 아니하며 꺼져가는 심지를 끄지 아니하기를 심판하여 이길 때까지 하리니."(마태복음 12:20)

예수님은 이 땅에 오셨을 때 잃어버린 자를 찾아 구원하시고 병든 자를 찾아 고쳐주셨다. 그리고 이런 사명을 수행하시면서 하나님의 긍휼과 자비를 간절히 원하며 부르짖는 자들과 상한 마음이나 육체의 건강이 회복되길 절실히 바라는 자들을 만나주셨다.

이렇게 긍휼과 자비를 간절히 바라는 이들 중 아들의 죽음으로 슬픔에 빠진 나인성의 과부가 있었다. 믿고 의지했던 외아들이 죽어 앞날의 소망마저 끊어진 채 통곡하는 과부를 예수님은 동정 어린 눈빛으로 바라보셨다. 그리고 이렇게 말씀하시며 긍휼을 베푸셨다.

"주께서 과부를 보시고 불쌍히 여기사 울지 말라 하시고 가까이 가서 그 관에 손을 대시니 멘 자들이 서는지라 예수께서 이르시되 청년아 내가 네게 말하노니 일어나라 하시매 죽었던 자가 일어나 앉고 말도 하거늘 예수께서 그를 어머니에게 주시니."(눅 7:13-15)

오직 잃어버린 자를 찾아 구원하시고 병든 자를 치유하시는 구세주이신 예수님은 이웃을 불쌍히 여기는 사랑의 마음을 가지고 계신다. 예수님은 모든 사람을 구원하시고자 이 땅에 오셨다. 특히 몸과 마음이 상한 자들에게 관심을 가지고 그들을 돌보셨다.

JESUS IS COMPASSIONATE TO THOSE WHO ARE HURTING

A bruised reed he will not break, and a smoldering wick he will not snuff out, till he leads justice to victory.(MATTHEW 12:20)

When Jesus came to earth, He came to seek and save what was lost, to heal and restore. As He went about this mission, He came across people who desperately needed that restoration, who were crying out for God's mercy.

One such person was the widow at Nain. When Jesus encountered a funeral procession and saw a widow grieving the loss of her only son–and thus her future–"his heart went out to her and he said, 'Don't cry'" (Luke 7:13b). Then He touched the coffin and raised her son, and "gave him back to his mother" (7:15b).

Ours is not a task-driven, utilitarian Savior. Jesus' heart beats with compassion for the people He came to save, and He treats the hurting with special care.

59 예수님은 우리를 속량(구속)하신다

"때가 차매 하나님이 그 아들을 보내사 여자에게서 나게 하시고 율법 아래에 나게 하신 것은 율법 아래에 있는 자들을 속량하시고 우리로 아들의 명분을 얻게 하려 하심이라." (갈라디아서 4:4-5)

이스라엘 백성이 학대받던 애굽의 노예 생활에서 해방됐을 때 그들은 출애굽의 기쁨을 노래하며 출애굽 사건을 '속량(구속)'이라는 말로 묘사했다. '속량(구속)'은 엄청난 대가를 지불하고 노예 생활에서 해방되어 은혜로운 새로운 삶, 자유를 누리는 삶을 살게 되었음을 뜻한다.

동일한 방법으로 예수님은 십자가의 피로 죗값을 지불해 우리를 속량하신다. 예수님은 우리로 하여금 죄의 노예에서 해방되어 자유를 누리게 하시고 우리에게 새 생명, 새 삶을 주신다. 예수님 안에서 우리는 더는 죄의 노예가 아니며 하나님의 자녀, 곧 하나님의 아들과 딸이 되었다.

"너희가 아들이므로 하나님이 그 아들의 영을 우리 마음 가운데 보내사 아빠 아버지라 부르게 하셨느니라." (갈 4:6)

예수님은 십자가에서 죽으심으로써 자신의 피 값으로 우리를 죄의 노예에서 해방시켜주셨다. 우리는 이제 하나님의 사랑받는 자녀로서 하나님의 은혜를 찬양하며 하나님께 예배한다.

JESUS REDEEMS US

But when the time had fully come, God sent his Son, born of a woman, born under law, to redeem those under law, that we might receive the full rights of sons.(GALATIANS 4:4-5)

When the Israelites rose up out of the slavery of Egypt, they sang songs and described their exodus in terms of "redemption"–being set free from the bondage they had known, receiving a new, free life.

In the same way, Jesus redeems us. He sets us free from the bondage of sin and gives us a new life. In Jesus, we are no longer slaves but sons and daughters, children of God: "And because you are children, God has sent the Spirit of his Son into our hearts, crying, Abba! Father!" (Galatians 4:6 NRSV). By dying on the cross, Jesus bought us out of slavery, and we now worship God as His beloved children.

60 예수님은 우리를 돌보신다

예수님은 우리가 그분을 따를 때 받아들이기 쉽지 않은 몇 가지 어려운 일에 대해 말씀하셨다. 그중 하나가 낙타가 바늘귀를 통과하는 것이 부자가 하나님 나라에 들어가는 것보다 쉽다는 이야기였다. 그리고 예수님보다 자기 아버지나 어머니를 더 사랑하는 자는 예수님에게 합당하지 않다고 하셨다.

그러나 우리의 머리털까지 다 세시는 예수님은 어떤 일도 두려워하지 말라고 말씀하셨다.

"너희에게는 심지어 머리털까지도 다 세신 바 되었나니 두려워하지 말라 너희는 많은 참새보다 더 귀하니라."(눅 12:7)

예수님은 또한 "하나님의 나라를 위하여 집이나 아내나 형제나 부모나 자녀를 버린 자는 현세에 여러 배를 받고 내세에 영생을 받지 못할 자가 없느니라"라고 말씀하셨다(눅 18:29-30).

우리가 먼저 예수님을 따르고 구할 때 우리는 부족함 없이 풍족하게 예수님의 돌봄을 받게 된다.

JESUS TAKES CARE OF US

But seek first his kingdom and his righteousness, and all these things will be given to you as well.(MATTHEW 6:33)

Jesus had some tough things to say about following Him. He said it was easier for a camel to go through the eye of a needle than for a rich man to enter the kingdom of God. He said that anyone who loved his father or mother more than Him was not worthy of Him.

But He also said that the hairs on our heads are all numbered, and that "no one who has left home or wife or brothers or parents or children for the sake of the kingdom of God will fail to receive many times as much in this age and, in the age to come, eternal life" (Luke 18:29b-30). When we follow Jesus and seek Him first, we are abundantly taken care of.

61 예수님은 우리에게 새로운 신분을 주신다

"너희는 택하신 족속이요 왕 같은 제사장들이요 거룩한 나라요 그의 소유가 된 백성이니 이는 너희를 어두운 데서 불러내어 그의 기이한 빛에 들어가게 하신 이의 아름다운 덕을 선포하게 하려 하심이라."(베드로전서 2:9)

우리 모두는 소속감이 필요하다. 그래서 우리는 가끔 후회스러운 어떤 잘못을 저질렀을 때 그 일로 인해 나쁜 그룹에 속한 사람으로 오해받을까 봐 염려한다.

우리는 예수님과 함께 살아갈 때 마침내 예수님에 속한 자가 되고, 예수님의 환영을 받으며, 믿음의 공동체 일원이 된다. 또한 믿는 자로서 우리는 죄의 노예로 살아가는 사람들이 참된 자유를 누릴 수 있도록 앞장서게 된다.

우리는 화해의 사역을 맡았으며, 하나님께서 구원하시는 사랑의 메시지를 전하는 사명을 받았다. 우리는 더는 어두움에 속한 자가 아니라 선으로 악을 이기는, 세상의 소금과 빛으로 살아가는 새로운 신분을 받은 자들이다.

그리스도 안에 있는 우리의 새로운 신분은 삶에 목적과 성취, 기쁨을 가져다준다.

JESUS GIVES US
A NEW IDENTITY

We all need to belong, and we can all think of a few times when we did something we regretted just to identify with a group.

With Jesus in our lives, we finally belong. We are accepted by Him, and we also become part of a unique group. As believers, we are freedom fighters, releasing the captives. We have been given the ministry of reconciliation, charged with preaching the message of God's saving love. No longer identified with the darkness, we are identified as salt and light, overcoming evil with good.

Our new identity in Christ gives our lives purpose, fulfillment, and joy.

62 예수님은 우리를 굳건히 설 수 있게 하신다

"우리를 너희와 함께 그리스도 안에서 굳건하게 하시고 우리에게 기름을 부으신 이는 하나님이시니, 그가 또한 우리에게 인치시고 보증으로 우리 마음에 성령을 주셨느니라."(고린도후서 1:21-22)

히브리서는 우리의 구원은 안전하고 하나님의 약속은 분명 변함없다고 우리에게 말한다.

"우리가 이 소망을 가지고 있는 것은 영혼의 닻 같아서 튼튼하고 견고하여 휘장 안에 들어가나니."(히 6:19)

우리 영혼의 닻인 예수님은 우리에게 흔들리지 않는 소망을 주신다. 하나님께서 우리 삶에서 행하신 일들을 확신케 해주는 성령의 도움이 있는 한, 우리는 삶의 폭풍우가 닥쳐와도 결코 우리를 해칠 수 없다는 것을 의심하지 않는다. 삶의 폭풍우는 우리를 구원하신 하나님과는 절대로 맞상대가 될 수 없기 때문이다.

그리스도 안에서 우리는 폭풍우에 맞설 수 있다. 그리고 어떤 일이 닥쳐와도 우리는 인내심을 가지고 충분히 버텨낼 수 있다.

JESUS ENABLES US
TO STAND FIRM

> Now it is God who makes both us and you stand firm in Christ. He anointed us, set his seal of ownership on us, and put his Spirit in our hearts as a deposit, guaranteeing what is to come.
> (2 CORINTHIANS 1:21–22)

The book of Hebrews tells us that our salvation is secure, that God's promises are completely steadfast: "We have this hope as an anchor for the soul, firm and secure" (6:19a).

Having Jesus as our anchor gives us an unshakeable hope. With His Spirit reassuring us of what God has done in our lives, we can know beyond a shadow of a doubt that the storms of our life can never truly harm us–they are no match for the One who has saved us.

In Christ, we can weather any storm. Come what may, we can persevere.

63 예수님은 우리가 연약해도 우리를 있는 그대로 사용하신다

"하나님께서 세상의 천한 것들과 멸시받는 것들과 없는 것들을 택하사 있는 것들을 폐하려 하시나니." (고린도전서 1:28)

신체적 장애를 가진 소년이 있었다. 소년은 자전거 경주에 출전하는 것이 오랜 꿈이었지만 장애 탓에 불가능했다. 아들의 꿈을 알고 있는 그의 아버지는 두 사람이 탈 수 있는 특별한 자전거를 구입했고, 아들과 자전거 경주에 나갔다. 아들과 함께 자전거를 타고 힘겹게 결승선을 통과한 아버지는 온몸이 땀으로 젖어 있었다.

이렇게 선하고 좋은 아버지처럼, 예수님은 우리가 무능하다는 이유로 자전거 경주 같은 믿음의 경주에서 우리를 제외시키지 않으신다. 예수님은 연약한 우리 안에서, 연약한 우리를 통해 경주하시고 우리를 안고서 결승선을 통과하신다. 우리가 가진 결함은 주님의 손에 있는 자산이고, 하나님의 영광과 능력을 드러내 보이는 방법이다.

예수님은 우리의 완전함과 온전한 능력을 원하지 않으신다. 단지 우리에게 주님과 함께 살아가기를 원한다는 우리의 의지만 요구하실 뿐이다.

JESUS USES US AS WE ARE, EVEN IN OUR WEAKNESS

> He chose what the world thinks is unimportant and what the world looks down on and thinks is nothing in order to destroy what the world thinks is important.(1 CORINTHIANS 1:28 NCV)

The boy couldn't race. A quadriplegic, there was no way he could compete in a cycling event, even though it was a longtime dream of his. So his father bought a special bike, and together the two finished the race, the dad sweating as he carried his son over the finish line.

Just like a good dad, Jesus doesn't take us out of the race because of our inabilities. He works in and through us and carries us over the finish line. Our imperfections become an asset in His hands, a way to reveal His glory and strength.

Jesus doesn't need our perfection or our strength. He just needs our willingness to join our lives with His.

64 예수님은 우리를 위해 하늘의 처소를 예비하신다

언젠가는 우리도 사랑하는 사람들로부터 멀리 떠날 날이 오고, 그들을 그리워하게 된다. 그리고 사진으로가 아니라 직접 얼굴을 맞대기를 소원한다.

이와 마찬가지로, 우리는 하나님을 그리워하고 직접 만나 뵙기를 바란다. 우리는 여러 방법으로 하나님의 임재를 경험하면서도 마침내 얼굴과 얼굴을 맞대어 직접 하나님을 뵙기를 소망한다.

성경을 통해 우리에게 전해진 기쁜 소식은 예수님이 우리가 하나님과 함께 있을 수 있는 처소를 준비하고 계시다는 사실이다(요14:1-3). 우리가 최종적으로 하나님의 임재 안으로 안내받게 됐을 때 가로막는 것 하나 없이 우리는 하나님을 대면하며 예배할 수 있을 것이다.

그래서 시편 기자는 이렇게 고백했다.

"주께서 생명의 길을 내게 보이시리니 주의 앞에는 충만한 기쁨이 있고 주의 오른쪽에는 영원한 즐거움이 있나이다." (시 16:11).

하나님의 임재 안에서 우리는 말로 다 할 수 없는 큰 기쁨을 발견할 것이다.

JESUS IS PREPARING
A PLACE FOR US

> In my Father's house are many rooms; if it were not so, I would have told you. I am going there to prepare a place for you. (JOHN 14:2)

Anytime we've been away from loved ones, we miss them. We wish we could see their faces, not in a photo, but in person. We want to be in their presence.

In the same way, we "miss" God. We experience His presence, but we wish we could finally see Him face to face. The good news is that Jesus is preparing a place where we can be with God. When we are finally ushered into His presence, we will worship Him without the veil of the physical world.

As the psalmist said: "You have made known to me the path of life; you will fill me with joy in your presence, with eternal pleasures at your right hand" (Psalm 16:11). In God's presence, we will find great joy.

65 예수님은 우리를 하나 되게 하신다

사는 지역, 좋아하는 것, 성장 배경, 언어 같은 많은 요소가 우리와 다른 사람의 사이를 갈라놓는다. 때로는 서로의 공통점보다 다른 점을 찾는 것이 더 쉽기도 하다.

초대교회 성도들은 유대교 그리스도인과 새롭게 믿음을 가지게 된 이방인 회심자 사이에 서로 다른 점이 있다는 것을 느꼈다. 그러나 이때 사도 바울은 에베소교회 성도들에게 예수님이 유대교 그리스도인과 이방인 회심자를 한마음으로 하나 되게 하셨다고 교훈했다.

"그는 우리의 화평이신지라 둘로 하나를 만드사 원수 된 것 곧 중간에 막힌 담을 자기 육체로 허시고."(엡 2:14)

우리는 모두 그리스도 안에서 하나님과 화평을 누리게 되었고, 그것으로 말미암아 다른 사람들과도 화목하게 되었다.

우리가 예수님이 우리의 삶에서 성취하신 놀라운 축복들을 기억하고 또한 다른 사람들의 삶에서도 성취하신 동일한 일들을 축하할 때 우리 사이를 가로막고 있는 장벽과 차이점은 점차 무너지고, 그 결과 우리는 하나 됨과 화평을 경험하게 된다.

JESUS GIVES US UNITY

Let the peace of Christ rule in your hearts, since as members of one body you were called to peace.(COLOSSIANS 3:15A)

Lots of things separate us from others–geography, preferences, backgrounds, languages. Sometimes it's easier to pick out what's different about us than what we have in common.

The early church felt the same kind of division between Jewish Christians and the new Gentile converts. But as Paul told the Ephesians, Jesus knit the two together; He "destroyed the barrier, the dividing wall of hostility"(Ephesians 2:14b). We are all reconciled to God in Christ, and thereby reconciled to each other.

When we remember what Jesus has done in our lives and celebrate what He has done in the lives of others, the walls between us slowly dissolve, and we experience unity and peace.

66 예수님은 우리를 격려하신다

"우리 주 예수 그리스도와 우리를 사랑하시고 영원한 위로와 좋은 소망을 은혜로 주신 하나님 우리 아버지께서 너희 마음을 위로하시고 모든 선한 일과 말에 굳건하게 하시기를 원하노라." (데살로니가후서 2:16-17)

어떤 사람을 격려한다는 것은 그로 하여금 용기와 확신, 담대함을 가지게 하는 일이다. 그런 의미에서 예수님은 누구와 비교할 수 없는, 우리가 본받을 만한 최고의 격려자이시다.

때때로 다른 사람의 '감사하다'는 말이 우리에게 큰 도움이 된다. 또한 우리가 어떤 일에 최선의 노력을 다하고 있지만 물질적인 부족함으로 곤경에 처했을 때 다른 사람이 남모르게 도움을 준 사실을 안다면 그것은 곧 재정적인 기적이 되곤 한다.

때로는 친구의 따뜻한 포옹, 사랑하는 사람이 보내준 짧은 글이 격려가 될 때도 있다. 우리가 받는 위로의 형태가 무엇이든 우리가 예수님을 섬기려 할 때 주님이 주시는 격려는 우리가 어디를 가든 따라다닌다.

우리는 언제 어떻게 우리에게 위로의 손길이 도달할지 모르지만, 예수님은 모든 선한 일을 위해 우리에게 꼭 필요한 힘과 용기를 베풀어주신다.

JESUS ENCOURAGES US

May our Lord Jesus Christ himself and God our Father encourage you
and strengthen you in every good thing you do and say.
(2 THESSALONIANS 2:16 NCV)

To "encourage" someone is to give them courage, confidence, and boldness. And Jesus is one of the best encouragers of all.

Sometimes it's a word of thanks spoken by someone we've helped. Sometimes it's a financial miracle that lets us know that He is behind us in our endeavors. Sometimes it's a hug from a friend or a note from a loved one. Whatever form it takes, when we seek to serve Jesus, His encouragement follows us wherever we go.

We may not know when or how, but we do know that Jesus provides us with all the strength and courage we need for every good work.

67 예수님은 믿을 만한 친구이시다

삶에서 크고 중요한 일이 벌어졌을 때 가족을 대신할 것은 하나도 없다. 잠언은 "시련의 때에 가장 귀한 것은 가족이다"라고 말한다. 어떤 가족도 완전하다고 할 수는 없지만, 갑작스러운 죽음을 맞았을 때 무덤 앞에서 위로해주는 사람은 오직 가족뿐이다. 가족은 우리가 담대하게 활동할 수 있도록 도와준다. 그리고 아기가 이 세상에 왔을 때 제일 먼저 반기는 이들도 바로 가족이다.

그렇지만 여전히 예수님은 우리가 가장 사랑하는 가족보다 더 믿을 만한 분이시다. 예수님의 신실함과 한결같음은 그 누구에게도 뒤지지 않으신다. 예수님은 우리에 대해 결코 변덕스러운 분이 아니시다. 우리가 세상의 무거운 짐을 지고 지쳐 있을 때 예수님은 우리가 지고 있는 짐을 들어 올려주시고 우리가 계속 거뜬하게 살아가는 데 필요한 힘과 용기와 지혜를 주신다.

우리의 삶은 가족, 그리고 가족처럼 가까운 친구가 없이는 불안하고 불완전하다. 예수님은 이 세상 모든 친구 가운데 가장 친한 친구이시다. 예수님은 우리를 친구라고 불러주신다(요 15:14-15).

JESUS IS
A FAITHFUL FRIEND

Some friends play at friendship but a true friend sticks closer than one's nearest kin.(PROVERBS 18:24 NRSV)

When it comes to the big things in life, there is no substitute for family. "In time of test, family is best," goes the proverb. Although no family is perfect, it's family who stand beside us at the gravesite. Family helps us move. Family is the first to know when a new baby enters the world.

And yet Jesus is even more faithful than our dearest family members. His faithfulness and consistency are unsurpassed. He is never fickle toward us. When we are world–weary, He lifts our burdens and gives us what we need to keep going.

Life is incomplete without family and friends who feel like family. And Jesus is the best friend of all.

68 예수님은 우리를 좀 더 나은 사람으로 만드신다

어떤 부부는 부인이 왜 남편 같은 사람과 사는지 잘 이해되지 않을 정도로 특이한 면이 있다. 그러나 남편은 자신의 부인에 대해 "우리 집사람은 나를 더 착한 사람으로 만들어준다"고 말할 것이다. 부인은 남편과 함께하면서 그의 삶의 수준을 높여준다. 그래서 남편은 좀 더 예의 바르고 생각이 깊으며 매력적인 사람이 된다.

이와 마찬가지로 우리가 예수님의 임재를 의식하고 예수님이 우리와 항상 함께하신다는 사실을 깨달을 때 이런 임재 의식은 우리의 영적인 수준을 높이 올려준다. 우리는 "부르심에 합당하게 살기 위하여"(엡 4:1) 예수님을 대신해 예수님을 잘 나타내고 싶다는 열망을 느낀다. 그리고 우리의 삶의 현장에서 역사하시는 성령 하나님과 함께, 또한 우리의 삶 속에서 임재하시어 변화시키는 성령님의 역사를 통해 우리는 서서히 더 인내하고 더 꾸준하며 더 사랑스럽게 변화되고 주님을 닮은 사람이 된다.

JESUS MAKES US
BETTER PEOPLE

He who began a good work in you will carry it on to completion until the day of Christ Jesus.(PHILIPPIANS 1:6B)

Some couples are "odd." We're not quite sure why she would date someone like him. But he will inevitably say about her, "She makes me a better person." Being with her raises the standards to which he holds himself, and he becomes more couth, more considerate, and more engaging.

In the same way, when we have an awareness of Jesus' presence–and He is with us always–it raises our standards. We feel a desire to represent Him well, to "live a life worthy of the calling [we] have received"(Ephesians 4:1b). And with His Spirit and transforming presence at work in our lives, we slowly become more patient, more consistent, and more loving–more like Him.

69 예수님은 우리를 위로하신다

"어머니가 자식을 위로함같이 내가 너희를 위로할 것인즉."(이사야 66:13)

우리가 위로하고 위로받는 방식이나 형태는 다양하다. 몸이 아플 때 닭죽을 가져다주거나 슬픈 일을 당했을 때 꽃바구니를 보내주기도 하고, 실직했을 때 힘내라며 어깨를 두드려주거나 안아주기도 한다. 그러나 위로가 절실히 필요할 때 우리에게 가장 큰 도움이 되는 것은 간단한 말 한마디다. 위로의 말을 들으면 우리는 마음속에 있는 복잡한 갈등을 이겨내고 담대하게 설 수 있는 희망이 생긴다.

제자들에게 위로가 필요할 때 예수님은 "내가 너희의 기도를 들어줄 것이다"라고 약속하셨고, "내가 세상을 이기었으니 너희도 담대하라"라고 말씀하셨다.

"이것을 너희에게 이르는 것은 너희로 내 안에서 평안을 누리게 하려 함이라 세상에서는 너희가 환난을 당하나 담대하라 내가 세상을 이기었노라."(요 16:33)

예수님은 제자들에게 근심을 갖지 말라고 하시면서 보혜사 성령이 오셔서 그들에게 하신 모든 말씀을 생각나게 해줄 것이라며 위로하고 격려하셨다. 제자들에게 하신 예수님의 말씀은 오늘날 우리에게도 여전히 큰 위로와 힘이 된다.

JESUS COMFORTS US

As a mother comforts her child, so will I comfort you.(ISAIAH 66:13A)

Comfort may take many forms—chicken soup when we're sick, flowers when we're grieving, a hug when we didn't get that job. One of the things that help us most when we're in need of comfort is simply words: Hearing comforting words spoken gives us hope that we can get beyond our struggle.

When Jesus' disciples needed comfort, He spoke to them. He said He would hear their prayers and that He had overcome the world. He told them not to let their hearts be troubled. He said that the Counselor would come and remind them of what He had said to them.

And Jesus' words remain with us today, giving us comfort and strength.

70 예수님은 우리를 자신의 대사가 되게 하신다

"모든 것이 하나님께로서 났으며 그가 그리스도로 말미암아 우리를 자기와 화목하게 하시고 또 우리에게 화목하게 하는 직분을 주셨으니." (고린도후서 5:18)

'대사(ambassador)'는 한 나라의 통치자를 대신해 뜻을 전하고, 나라를 대표해 활동하는 사람이다. 예수님은 "모든 민족으로 제자를 삼으라"라는 사명을 감당하고자 우리에게 대사 임무를 맡기셨다.

"그러므로 너희는 가서 모든 민족을 제자로 삼아 아버지와 아들과 성령의 이름으로 세례를 베풀고." (마 28:19)

모든 민족에게 예수님을 나타내고 증거하는 일은 감당하기 어렵고 힘들 수 있다. 그러나 예수님은 세상 끝날까지 우리와 함께하겠다고 약속하셨다.

"내가 너희에게 분부한 모든 것을 가르쳐 지키게 하라 볼지어다 내가 세상 끝날까지 너희와 항상 함께 있으리라 하시니라." (마 28:20)

성령 하나님께서는 이런 사명을 잘 감당하도록 우리에게 임하셔서 능력으로 무장하게 해주겠다고 말씀하셨다.

"오직 성령이 너희에게 임하시면 너희가 권능을 받고 예루살렘과 온 유대와 사마리아와 땅 끝까지 이르러 내 증인이 되리라 하시니라." (행 1:8)

여기에 더해 예수님은 우리에게 그분에 대해 전할 말도 주신다. 예수님이 우리를 위해 하신 모든 일을 생각한다면 우리는 복음 전파를 좀 더 쉽게 할 수 있다.

"여호와께 감사하고 그의 이름을 불러 아뢰며 그가 하는 일을 만민 중에 알게 할지어다."(시 105:1)

그리스도를 통해 하나님께서는 이미 우리 삶에 놀라운 일들을 행하셨다. 그래서 하나님께서는 예수님 안에서 이루신 이 놀라운 일들을 온 세상이 알게 되기를 원하신다.

JESUS MAKERS US
HIS AMBASSADORS

All this is from God, who reconciled us to himself through Christ and gave us the ministry of reconciliation.(2 CORINTHIANS 5:18)

An ambassador is a representative, a messenger. Jesus has charged us with the task of being His ambassadors, to "make disciples of all nations" (Matthew 28:19b).

Representing Jesus to all nations seems like a stiff challenge. But Jesus gives us His presence (Matthew 28:20) and the Holy Spirit to embolden us (Acts 1:8). Plus, He gives us things to talk about: Declaring the goodness of Jesus becomes easier when we reflect on everything He has done for us.

Psalm 105:1 says, "Give thanks to the LORD, call on his name; make known among the nations what he has done." Through Christ, God has done amazing things in our lives, and He wants us to let the whole world know.

71 예수님은 우리가 받을 죄의 형벌을 대신 짊어지신다

"내가 받은 것을 먼저 너희에게 전하였노니 이는 성경대로 그리스도께서 우리 죄를 위하여 죽으시고." (고린도전서 15:3)

최후의 만찬 자리에서 예수님은 제자들을 불러 모은 뒤 떡을 떼어 나눠주시면서 이것을 받아 먹으라, 그리고 잔을 나눠주시면서 이것을 받아 마시라고 하시며 "나를 기념(기억)하라"라고 말씀하셨다.

"또 떡을 가져 감사기도 하시고 떼어 그들에게 주시며 이르시되 이 것은 너희를 위하여 주는 내 몸이라 너희가 이를 행하여 나를 기념하라 하시고 저녁 먹은 후에 잔도 그와 같이 하여 이르시되 이 잔은 내 피로 세우는 새 언약이니 곧 너희를 위하여 붓는 것이라." (눅 22:19-20)

누가복음은 이렇게 예수님이 제자들과 마지막 식사를 나누시고 우리를 위해 십자가 위에서 죽음을 맞으셨음을 증거한다.

영국 복음주의 신학자인 존 스토트 목사는 "인간은 하나님께만 속한 특권을 주장하는 반면, 하나님께서는 인간이 죄로 인해 받아야 할 형벌들을 용납하신다"라고 말했다. 예수님이 오직 우리를 위해 십자가에서 죽으심으로써 우리가 받아야 할 용서와 구속을 다 이루셨고 우리는 새로운 피조물이 되었다. 예수님이 오직 우리를 대신해 십자가에서 귀한 몸이 찢기고 피 흘리며 죽으셨기에 우리는 구원받게 되었다.

JESUS TAKES OUR PUNISHMENT UPON HIMSELF

For what I received I passed on to you as of first importance: that Christ died for our sins according to the Scriptures. (1 CORINTHIANS 15:3)

At the Last Supper, Jesus gathered His disciples with Him. He broke the bread and told them to take it and eat it, saying, "This is my body given for you; do this in remembrance of me" (Luke 22:19b). The next chapter of Luke finds Jesus crucified–for us.

John Stott writes, "Man claims prerogatives that belong to God alone; God accepts penalties which belong to man alone." Jesus' death on the cross accomplished our forgiveness, our redemption, our being made whole. Only because He died in our place, allowing His body to be broken for us, are we able to experience salvation.

72 예수님은 우리의 모든 수고를 보상하신다

우리는 어떤 일을 잘 끝냈을 때 그것에 보상이 주어지는지 보고 싶어 한다. 적절한 보상이 없으면 일할 동기를 잃곤 한다. 마찬가지로 우리는 영적 신앙생활에서 거룩한 일을 위해 많은 수고를 한 후 때때로 이런 수고가 과연 가치 있는지 의구심이 들곤 하고, 끝내 수렁에 빠질 수도 있다.

예수님은 달란트 비유를 통해 하나님께서는 맡겨주신 달란트를 키우는 우리의 수고에 보상을 하신다는 사실을 일깨워주셨다.

"다섯 달란트 받았던 자는 다섯 달란트를 더 가지고 와서 이르되 주인이여 내게 다섯 달란트를 주셨는데 보소서 내가 또 다섯 달란트를 남겼나이다 그 주인이 이르되 잘하였도다 착하고 충성된 종아 네가 적은 일에 충성하였으매 내가 많은 것을 네게 맡기리니 네 주인의 즐거움에 참여할지어다 하고." (마 25:20-21)

그리고 사도 야고보는 우리가 여러 가지 시험을 당해 믿음에 시련이 닥친 순간에도 끝까지 인내할 때 성숙한 믿음의 사람이 되고, 좋은 성품을 겸비한 신앙인으로 성장한다는 사실을 일깨워줬다.

"인내를 온전히 이루라 이는 너희로 온전하고 구비하여 조금도 부

족함이 없게 하려 함이라.”(약 1:4)

우리는 신앙생활에서 예수님을 신실히 믿고 따라간다면 기대하는 상을 받게 되리라는 것을 확신한다. 그래서 사도 야고보는 이렇게 말했다.

“시험을 참는 자는 복이 있나니 이는 시련을 견디어낸 자가 주께서 자기를 사랑하는 자들에게 약속하신 생명의 면류관을 얻을 것이기 때문이라.”(약 1:12)

JESUS REWARDS
OUR EFFORTS

When we work out, we want to see a payoff–more definition, greater endurance, more energy. Otherwise, we start to lose motivation. Likewise, in our spiritual workout efforts, we can sometimes get bogged down, wondering if it's all really worth

In Jesus'parable of the talents, He reminds us that God rewards our efforts to multiply what He has given us. And James reminds us that when we persevere, we grow in maturity and character (James 1:4). When we run after Jesus, we are assured that we will receive the prize we are seeking. In James's words, "Blessed is the man who perseveres under trial, because when he has stood the test, he will receive the crown of life that God has promised to those who love him" (1:12).

73 예수님은 겸손한 자를 높이신다

"누구든지 자기를 높이는 자는 낮아지고 누구든지 자기를 낮추는 자는 높아지리라."(마태복음 23:12)

운동 경기에서 자기 팀 실력을 너무 과신하고 상대 팀을 우습게 본 결과, 기대와 달리 완전히 패하는 모습을 종종 볼 수 있다. 우리도 신앙생활을 하면서 때때로 자신을 너무 높이고 다른 사람을 쉽게 얕보면서 무시하는 경향을 보이곤 한다. 마찬가지로, 영적 생활에서 다른 사람보다 기도, 전도, 봉사, 성경 공부를 열심히 하고 좀 더 잘하면 쉽게 교만해지는 이들이 있다. 하나님께서 교만한 자를 물리치시고 교만은 패망의 선봉이요, 넘어짐의 앞잡이가 된다고 말씀하신 것을 알면서도 우리는 여전히 교만에 빠져 자기 자랑을 하는 데 선수가 되어 버린다.

예수님은 겸손을 매우 귀하게 여기시고 겸손한 자를 위한 높은 자리를 예비하신다. 우리가 예수님을 닮은 겸손한 태도를 취할 때, 다른 사람을 자신보다 낮다고 여길 때, 그리고 하나님의 은혜와 하나님께서 주시는 힘을 필요로 할 때 우리는 하나님의 축복을 누리게 된다.

JESUS LIFTS UP
THE HUMBLE

For whoever exalts himself will be humbled, and whoever humbles himself will be exalted.(MATTHEW 23:12)

He's easy to pick out in any teen movie: the jerk. Cocky and proud, the jerk torments the protagonist with verbal and physical jabs until his day of comeuppance, usually near the end of the movie.

We all hate the jerk. And yet there's a little jerk in all of us. All of us exalt ourselves and put others down sometimes, hogging the spotlight or making others feel bad about themselves. And very often, our pride earns us a painful comeuppance.

Jesus values humility and reserves exaltation for the humble. When we adopt His attitude of humility–when we put others above ourselves and acknowledge that we need God's grace and strength–we experience His blessings.

74 예수님은 우리에게 하나님을 아는 지식을 주신다

"예수께서 이르시되 빌립아 내가 이렇게 오래 너희와 함께 있으되 네가 나를 알지 못하느냐 나를 본 자는 아버지를 보았거늘 어찌하여 아버지를 보이라 하느냐."
(요한복음 14:9)

누구나 유명 인사의 모습을 보면 좋아한다. 우연히 큰 음식점에서 인기 가수를 보거나, 거리에서 멋진 배우가 지나가는 모습을 보게 될 때 우리는 친구들에게 재빨리 전화를 걸어 자랑하곤 한다.

예수님 안에서 하나님께서는 단지 우리에게 하나님의 위대한 모습을 일부만 잠깐 보여주시는 것이 아니라, 하나님을 인격적으로 만날 수 있는 기회를 주신다. 예수님은 우리에게 하나님의 성품을 보여주시는 것은 물론, 하나님께서 어떤 분이신지, 즉 하나님의 마음의 동기와 인격성, 하나님께서 중요하게 여기는 가치 등이 무엇인지 말씀해주신다.

예수님은 하나님에 대한 단순한 지식 이상으로 우리로 하여금 그분과 친구나 가족과는 비교할 수 없을 만큼 가까운 관계를 맺게 해주신다. 예수님 덕분에 하나님께서는 우리가 가끔 보는 멀리 떨어진 연예인이나 유명 인사가 아니라, 우리의 아버지 하나님이시며 우리와 친밀한 관계를 맺고 있는 친구가 되신다.

JESUS GIVES US
KNOWLEDGE OF GOD

Jesus answered: Don't you know me, Philip, even after I have been among you such a long time Anyone who has seen me has seen the Father. How can you say, Show us the Father.(**JOHN 14:19**)

Everyone loves a celebrity sighting. When we catch a glimpse of our favorite singer at a restaurant or spy our favorite actor walking down the street, we're quick to call our friends.

In Jesus, God offers us the opportunity not just to catch a little glimpse of Him, but to know Him. Jesus reveals to us God's character and tells us what He's like–His motivations and personality and values. More than just knowledge about God, though, Jesus offers the opportunity to really know God, to relate to Him as closely as we relate to our friends and family. Because of Jesus, God is not a faraway celebrity we see every now and then; He becomes our God, our Friend.

169

75 예수님은 자신의 생명을 우리를 위해 주신다

"인자가 온 것은 섬김을 받으려 함이 아니라 도리어 섬기려 하고 자기 목숨을 많은 사람의 대속물로 주려 함이니라."(마태복음 20:28)

사랑은 종종 우리가 사랑하는 사람을 위해 희생하는 정도에 따라 측정된다. 하지만 대다수 사람은 남을 위해 크게 희생할 수 있는 기회를 결코 갖지 못한다. 우리는 텔레비전 프로그램 시청을 포기하고 친구를 공항까지 데려다주거나, 가족 중 누군가가 먼저 준비하도록 샤워 순서를 양보할 수 있다. 하지만 대부분은 자기 콩팥을 잘 모르는 이에게 장기기증하거나 하루를 온전히 다른 사람을 위해 희생하지는 못할 것이다.

예수님은 제자들에게 "사람이 친구를 위하여 자기 목숨을 버리면 이보다 더 큰 사랑이 없나니"(요 15:13)라고 말씀하셨다. 이것이 예수님이 우리를 위해 희생하신 귀한 일이다. 예수님은 영원히 죽을 수밖에 없는 우리를 살리고자 그분의 생명을 대속물로 희생하셨다. 우리를 사랑하시는 예수님은 가능한 한 주실 수 있는 모든 것, 심지어 생명까지도 우리에게 아낌없이 주셨다.

JESUS GIVES UP
HIS LIFE FOR US

just as the Son of Man did not come to be served, but to serve, and to give his life as a ransom for many.(MATTHEW 20:28)

Love is often measured by the sacrifices we make for our loved one. But most of us never have the opportunity to make great sacrifices. We may skip a TV show to take a friend to the airport or give up a hot shower to let a family member get ready first, but most of us will never sacrifice a kidney or even a whole day of our lives.

Jesus told His disciples, "Greater love has no one than this, that he lay down his life for his friends" (John 15:13). And that's exactly what He did for us: He laid down His life so that we might live. Because of His love for us, Jesus gave us everything He could possibly give right up to His own life.

76 예수님은 우리를 과거로부터 자유롭게 하신다

사도 바울은 어두운 과거를 가진 사람이었다. 그리스도인이 되기 전 그는 교회를 박해하고 그리스도인을 핍박했다. 하지만 그런 좋지 않은 과거를 부인하거나 감추기보다 하나님의 은혜로 변화된 자신에 대해 담대하게 고백했다.

"나는 사도 중에 가장 작은 자라 나는 하나님의 교회를 박해하였으므로 사도라 칭함 받기를 감당하지 못할 자니라 그러나 내가 나 된 것은 하나님의 은혜로 된 것이니 내게 주신 그의 은혜가 헛되지 아니하여 내가 모든 사도보다 더 많이 수고하였으나 내가 한 것이 아니요 오직 나와 함께하신 하나님의 은혜로라."(고전 15:9-10)

기독교 철학자인 시몬 베유는 "때때로 불행한 사람을 현재의 고통으로부터 구출하기는 쉽지만, 과거 고통으로부터 자유롭게 하기는 어려운 일이다. 오직 하나님만이 과거 고통의 원인으로부터 그를 자유롭게 할 수 있다"고 말했다. 어떤 사람은 과거를 회피하려 애쓰면서 그것으로부터 도망치려 한다. 그러나 예수님은 우리에게 과거를 수용하고 미래를 기꺼이 포용할 수 있는 능력을 주신다. 그분의 은혜는 우리를 회복되게 하고, 우리에게 기쁨을 주신다.

JESUS FREES US
FROM OUR PAST

Jesus replied, I tell you the truth, everyone who sins is a slave to sin.
Now a slave has no permanent place in the family, but a son belongs to it
forever. So if the Son sets you free, you will be free indeed.
(JOHN 8:34-36)

The apostle Paul had a past: Before becoming a Christian, he zealously persecuted the Church. But rather than deny it or cover it up, he said, "For I am the least of the apostles and do not even deserve to be called an apostle, because I persecuted the church of God. But by the grace of God I am what I am" (1 Corinthians 15:9–10a).

Simone Weil writes, "It is sometimes easy to deliver an unhappy person from his present distress, but it is difficult to set him free from his past affliction. Only God can do it." Some of us are running away from the past, trying to escape it. But Jesus' grace offers us the ability to accept the past and embrace the future–His grace restores us and gives us joy.

77 예수님은 우리에게 용서와 은혜를 베푸신다

> "우리는 그리스도 안에서 그의 은혜의 풍성함을 따라 그의 피로 말미암아 속량 곧 죄 사함을 받았느니라 이는 그가 모든 지혜와 총명을 우리에게 넘치게 하사."
> (에베소서 1:7-8)

우리가 그 여인에 대해 아는 바는 죄를 많이 지은 삶을 살았다는 것이 전부다. 그래서 사람대접을 받지 못하던 여인은 어느 날 바리새인의 집에서 예수님의 뒤로 와 눈물로 예수님의 발을 적시어 자기 머리털로 닦고, 그 발에 입을 맞춘 뒤 예수님 머리에 향유를 부어드렸다.

이때 사람들이 여인의 행동을 비난하며 수군거렸는데, 그 모습을 본 예수님은 여인에게 "너의 죄가 사함을 받았다. 네 믿음이 너를 구원하였으니 평안히 가라"라고 말씀하셨다.

그 집에 함께 있던 사람들이 "죄 사함을 받았다"는 예수님의 말을 듣고 다시 수군거리기 시작했다. "이 사람이 누구이기에 죄도 사하는가?"(눅 7:49). 은혜가 충만한 순간, 거기에 있던 사람들은 '죄 사함'의 능력을 행사하는 그가 단순한 선지자가 아님을 알게 되었다.

오늘날에도 예수님은 동일한 은혜의 순간을 우리에게 주시면서 "너희 죄가 용서받았으니 평안히 가라"라고 말씀하신다.

JESUS OFFERS US
FORGIVENESS AND GRACE

All we know about her is that she had lived "a sinful life." She was not worthy, they murmured, to touch the feet of the Rabbi, much less kiss them and anoint them with perfume. Instead of brushing her aside, though, Jesus affirmed her offering and said, "Your sins are forgiven. ... Your faith has saved you; go in peace" (Luke 7:48, 50).

When they heard the word "forgiven," the murmuring began again: "Who is this who even forgives sins?" (7:49b). In that grace-filled moment, they knew that the man among them was not just a prophet, that He had the power even to forgive sins.

Today Jesus offers us the same moment of grace, saying to us, "You are forgiven. Go in peace."

78 예수님은 세상에 빛을 비추신다

"예수께서 또 말씀하여 이르시되 나는 세상의 빛이니 나를 따르는 자는 어둠에 다니지 아니하고 생명의 빛을 얻으리라."(요한복음 8:12)

어느 도시든 가난에 시달리는 지역은 부서진 창문들, 박살난 자동차, 무너진 삶의 모습 등 황량하고 음침한 분위기가 감돈다. 도시 한복판에서 이런 모습을 볼 때면 모든 것이 절망스럽게 느껴진다.

하지만 이런 황량하고 가난한 지역에서는 꽃 한 바구니 또는 깨끗하게 페인트칠한 담벼락, 밝게 웃는 얼굴들, 심지어 아주 작은 생명의 몸짓이나 흔적이 희망의 불빛이 될 수 있다.

예수님은 이렇게 사람들의 삶이 가난과 무지로 상처받고 모든 것이 무너져 내린 세상에 빛을 밝히고 생명을 주시고자 오셨다. 예수님이 계시는 곳, 즉 잃어버린 영혼에 예수님의 동정적인 사랑과 자발적인 마음의 표징이 나타나는 곳에는 희망이 있다. 우리가 주님을 따르는 자로서 상처받고 모든 것이 무너져 내린 세상에 이런 생명의 표징을 내보낼 때 우리는 많은 사람에게 희망을 줄 수 있다.

JESUS BRINGS LIGHT
TO THE WORLD

When Jesus spoke again to the people, he said, "I am the light of the world. Whoever follows me will never walk in darkness, but will have the light of life."(JOHN 8:12)

Poverty-stricken areas of town can be bleak and depressing broken windows, broken down cars, broken down lives. Before too long, everything feels hopeless. But even the tiniest sign of life–a pot of flowers, a fresh coat of paint, a smiling face can be a beacon of hope.

Jesus came to bring light and life to this hurting, broken down world. Where He is–where there are signs of His compassion and willingness to reach out to the most seemingly lost soul there is hope. When we, His followers, send out signs of His life, we give hope to those around us.

79 예수님은 우리가 넘어질 때 일으켜 세우신다

> "능히 너희를 보호하사 거침이 없게 하시고 너희로 그 영광 앞에 흠이 없이 기쁨으로 서게 하실 이 곧 우리 구주 홀로 하나이신 하나님께 우리 주 예수 그리스도로 말미암아 영광과 위엄과 권력과 권세가 영원 전부터 이제와 영원토록 있을지어다 아멘."
> (유다서 1:24-25)

어느 날 긴 동굴에 구경을 온 관광객들이 동굴의 반 이상을 들어갔다. 그런데 다소 몸집이 큰 남자가 좁은 통로에 갇혀 움직이지 못했다. 심지어 가슴이 꽉 조여 숨을 제대로 쉬지 못했고, 얼굴이 창백해질 정도로 상황이 심각해졌다. 동굴 안내자와 관광객들은 좁은 통로에 갇혀 위험한 상태에 놓인 그를 보며 구조대가 곧 올 것이라고 안심시켰다. 만약 그 남자 혼자 있었다면 아주 참담한 일이 벌어졌을 것이다.

성경 전도서 4장 10절은 "혹시 그들이 넘어지면 하나가 그 동무를 붙들어 일으키려니와 홀로 있어 넘어지고 붙들어 일으킬 자가 없는 자에게는 화가 있으리라"라고 말한다.

예수님은 우리가 위험한 상황에 처했을 때 우리를 위한 친구가 되어주신다. 그리고 우리가 잘못을 저지르거나 뜻밖에 어려운 일을 경험할 때 거룩한 지혜와 은혜의 힘으로 우리를 일으켜 세우신다. 우리가 예수님과 동행할때 우리 신앙생활에서 겪는 어떤 장애물이나 걸림돌도 우리를 죽음으로 내모는 치명적인 요소가 되지 못한다.

JESUS PICKS US UP
WHEN WE FALL DOWN

To him who is able to keep you from falling and to present you before his glorious presence without fault and with great joy–to the only God our Savior be glory, majesty, power and authority, through Jesus Christ our Lord, before all ages, now and forevermore! Amen. (JUDE 24–25)

It seemed like an only mildly dangerous cave tour–until about two-thirds of the way through, when a largish man became stuck in a narrow tunnel. He panicked, his chest expanding, which only made the problem worse. So the cave guide and other tourists calmed him down, and he was able to squeeze through. If he'd been alone, the afternoon could have ended much differently.

Ecclesiastes 4:10a says, "If one falls down, his friend can help him up," and Jesus is that Friend for us. He picks us up with His wisdom and grace when we make a mistake or experience a setback. When we walk with Him, the stumbles and bumbles in our faith and life need not be fatal.

80 예수님은 우리에게 진리를 보여주신다

"예수께서 이르시되 내가 곧 길이요 진리요 생명이니 나로 말미암지 않고는 아버지께로 올 자가 없느니라." (요한복음 14:6)

우리가 듣고 놀라워하는 가장 위대한 이야기는 뜻밖의 장소에서 진리를 발견했다는 내용들이다. 우리 또한 세계와 그 속에 있는 많은 것에 대해 진리를 찾고 추구하는 자들이다. 그래서 세계와 자연 만물에서 하나님의 계시를 발견해 감격의 순간을 경험한 사람을 볼 때면 부러운 마음이 든다.

진리를 찾는 노력은 누구나 할 수 있는 우주적이고 보편적인 행위다. 사람들이 찾는 진리는 가끔 우리가 이해하고 파악하는 수준을 넘어서기도 한다. 그러나 예수님은 그분 자신이 우리가 찾는 진리라고 말씀하신다. 예수님은 타락한 인간과 이 세계, 우리를 구원하시는 하나님에 대한 궁극적인 진리이시다. 이에 대해 사도 요한은 "태초에 말씀이 계시니라 이 말씀이 하나님과 함께 계셨으니 이 말씀은 곧 하나님이시니라"(요 1:1)라고 증거했다.

"말씀이 육신이 되어 우리 가운데 거하시매 우리가 그의 영광을 보니 아버지의 독생자의 영광이요 은혜와 진리가 충만하더라."(요 1:14)

예수님 안에서 하나님의 진리는 우리에게 가까이 다가왔고, 예수님 덕분에 우리는 절대적이고 유일한 진리를 알게 되었다.

JESUS SHOWS US
THE TRUTH

Most great stories are about searching for truth and finding it in unexpected places. We see ourselves in those who are seeking to understand something true about the world and themselves, and we envy them when they experience moments of revelation.

The search for truth is a universal one, and truth often seems to slip through our grasp. But Jesus tells us that He is the truth–He is the ultimate revelation about the world, the human condition, and the God who saves. "The Word was God. ... The Word became flesh and blood, and moved into the neighborhood," John writes (John 1:1b, 14 THE MESSAGE). In Jesus, the truth of God has come near. Because of Jesus, we can know the truth.

81 예수님은 우리가 도움을 청할 때 들으신다

"하물며 하나님께서 그 밤낮 부르짖는 택하신 자들의 원한을 풀어주지 아니하시겠느냐 그들에게 오래 참으시겠느냐." (누가복음 18:7)

시각장애인으로 길거리에 앉아 구걸하는 바디매오는 정상적인 행복한 삶을 살 수 없었다. 어느 날 예수님이 근처를 지나가신다는 말을 듣고 그는 "다윗의 자손 예수여, 나를 불쌍히 여기소서!"라고 큰 소리로 부르짖었다(막 10:47). 그가 부르짖는 소리를 들으신 예수님은 발걸음을 멈춰 서시고 주변 사람들에게 시각장애인인 바디매오의 시력이 회복되도록 그를 자기 곁으로 부르라고 하셨다.

바디매오는 예수님을 통해 단지 육체적인 시력만 회복한 것이 아니라 더 큰 축복을 받았다. 그는 영적인 눈이 열렸고 예수님을 따르는 자가 되었다. 예수님은 육신적인 도움을 청하던 바디매오의 간절한 부르짖음을 들으셨고, 그의 순수하고 뜨거운 영적인 상태를 지켜보셨던 것이다.

우리는 예수님에게 필요한 도움을 청하고 부르짖으면 우리가 간구한 것 이상으로 응답받게 된다는 사실을 알아야 한다.

JESUS HEARS US
WHEN WE CRY FOR HELP

And will not God bring about justice for his chosen ones, who cry out to him day and night? Will he keep putting them off?(LUKE 18:7)

Bartimaeus was not doing well in life–he was blind, and he was a beggar. So when he heard that Jesus was passing along, he cried out to Him for help, shouting, "Jesus, Son of David, have mercy on me!" (Mark 10:47b). Jesus stopped. He told the crowd to call Bartimaeus near to Him, where the blind man received his sight.

But he received more than just physical sight: His spiritual eyes were opened, and he became a follower of Jesus. Jesus heard his cry for physical help and saw through to his spiritual condition.

Anytime we call on Jesus for help, we should expect to receive. far more than we asked for.

82 예수님은 우리에게 시험을 잘 감당할 수 있게 하신다

> "사람이 감당할 시험밖에는 너희가 당한 것이 없나니 오직 하나님은 미쁘사 너희가 감당하지 못할 시험당함을 허락하지 아니하시고 시험당할 즈음에 또한 피할 길을 내사 너희로 능히 감당하게 하시느니라."(고린도전서 10:13)

뜻밖의 시험을 당할 때 우리는 항상 큰 충격을 받는다. 그 충격이 너무 커서 심장박동은 빨라지고, 망설임과 죄책감까지 들기 때문에 어느 누구도 시험받는 것을 기뻐하지 않는다. 하지만 다행스러운 점은 우리가 만나게 될 모든 시험에 대해 아시는 유일한 구세주 예수님이 계시다는 사실이다.

예수님은 몸소 시험을 받으신 적이 있다. 공생애를 시작하시기 전 예수님은 금식하며 기도하기 위해 광야로 나가셨다. 그곳에서 예수님은 세 번 마귀의 시험을 받으셨다. 세 번 시험을 받으실 때마다 예수님은 하나님의 말씀으로 올바른 것을 선택함으로써 마귀의 시험을 물리쳐 이기셨다.

히브리서는 "우리에게 있는 대제사장은 우리의 연약함을 동정하지 못하실 이가 아니요 모든 일에 우리와 똑같이 시험을 받으신 이로되 죄는 없으시니라"(히 4:15)라고 말한다.

마귀의 시험을 이기신 예수님은 우리가 날마다 만나게 되는 시험과 싸워 이기도록 우리를 도와줄 수 있는 능력을 지니고 계신다.

JESUS ENABLES US
TO ENDURE TEMPTATION

No temptation has seized you except what is common to man. And God is faithful; he will not let you be tempted beyond what you can bear. But when you are tempted, he will also provide a way out so that you can stand up under it. (1 CORINTHIANS 10:13)

It always shocks us when we suddenly face a bout with temptation. The quickened heartbeat, the indecision, the feeling of impending guilt–no one enjoys being tempted.

Fortunately for us, we have a Savior who knows all about temptation, because He was tempted Himself. Before He began His ministry, Jesus retreated into the desert to fast and pray, where He was tempted three times. Each time, just like us, He had to consciously choose what He knew was right.

Hebrews 4:15 says, "For we do not have a high priest who is unable to sympathize with our weaknesses, but we have one who has been tempted in every way, just as we are–yet was without sin." Because Jesus overcame temptation, He is able to help us fight against the temptations we face each day.

83 예수님은 우리를 가르치신다

교육학자인 헨리 브룩스 애덤스는 학교에서 교사의 영향에 대해 "교사는 학생들에게 영원토록 영향을 끼친다. 교사는 어디에서 그의 영향력이 멈추는지를 결코 말할 수 없다"고 했다. 훌륭한 스승은 학생의 일생에 전혀 다른 세상을 만들어낼 수 있는 것이다.

예수님은 우리가 본받을 만한 가장 뛰어난 '모범적인 스승'이시다. 예수님은 완벽하게 지혜로우신 분이시기에 어떤 것도 그분을 깜짝 놀라게 할 수 없고, 예수님보다 더 전문적인 지식을 가진 이도 없다. 예수님은 완전한 참을성을 지니신 겸손한 분이시다. 또한 우리가 해결해야 할 도전이 얼마나 많은지도 알고 계신다.

예수님에게 가르침을 받고자 할 때 우리는 지혜와 성품 양면에서 성장하게 된다. 예수님이 가버나움 회당에서 가르치셨을 때 모든 사람이 예수님의 지혜와 권세 있는 말씀에 깜짝 놀랐다. 하나님이자 사람이신 예수님은 우리가 항상 모실 수 있는, 가장 훌륭한 자격을 갖춘 최고의 스승이시다.

JESUS TEACHES US

The people were amazed at his teaching, because he taught them as one who had authority, not as the teachers of the law.(MARK 1:22)

Henry Brooks Adams once said, "A teacher affects eternity; he can never tell where his influence stops." A good teacher can make a world of difference in a student's life.

Jesus is an exemplary teacher. He is completely wise nothing surprises Him, nothing is beyond His realm of expertise. He is also completely patient and humble, and He knows just how much of a challenge we can handle. When we allow Jesus to teach us, we grow in both wisdom and character.

When Jesus taught in the Capernaum synagogue, everyone was amazed at His wisdom and authority. As God and man, Jesus is the best, most qualified teacher we could ever have.

84 예수님은 우리의 삶에 열매를 맺게 하신다

"나는 포도나무요 너희는 가지라 그가 내 안에, 내가 그 안에 거하면 사람이 열매를 많이 맺나니 나를 떠나서는 너희가 아무것도 할 수 없음이라."(요한복음 15:5)

때때로 우리는 어떤 독립된 자문위원이 된 것처럼 그리스도를 따르는 자로서 자신의 삶을 바라본다. 이때 예수님은 '유일한 회사'이고, 우리는 어느 정도 수행 능력과 실적을 유지하고자 최선을 다해서 예수님을 위해 일한다. 우리는 살아가는 데 필요한 자원을 예수님으로부터 공급받는데, 우편물이나 가끔은 직접 만나서 받는다.

사실 진정으로 구원받은 삶은 예수님과 사랑의 관계에서 생동감이 흘러넘치는 삶이다. 우리는 주님 없이 어떤 성취나 열매를 기대하지 않는다. 사명을 받은 우리는 그 사명을 성취하는 데 필요한 영적 자원들을 매일 주님과 만남으로써 얻게 된다.

예수님과의 밀접한 관계는 우리의 삶을 위한 유일하고 참된 자원과 연결되는 것을 의미한다.

JESUS PRODUCES FRUIT
IN OUR LIVES

I am the Vine, you are the branches. When you're joined with me and
I with you, the relation intimate and organic, the harvest is sure to be
abundant. Separated, you can't produce a thing.
(JOHN 15:5 THE MESSAGE)

Sometimes we view living as one of Christ's followers as sort of
like being an independent consultant: Jesus is the "company," and
we work for Him out of our homes, trying to maintain a certain
level of performance. We receive resources, but only by mail or on
occasional face–to–face meetings.

In reality, the truly saved life is a connected life, a life that flows
directly out of loving connection with Jesus. We aren't expected
to achieve results without Him—nor are we even able to. It's as we
meet with Him daily that we receive our sense of mission and the
resources we need to accomplish it.

Connecting with Jesus is connecting with the only true source of
life.

85 예수님은 우리에게 생명의 양식을 주신다

약속의 땅 가나안을 향해 가던 이스라엘 백성들은 광야를 지날 때 먹을거리와 마실 물이 없자 원망하고 불평했다. 무엇을 먹고 무엇을 마실 것인가? 이런 그들의 원망과 불평을 들으신 하나님께서는 매일 하늘에서 떡(만나)을 보내셨는데, 이는 이스라엘 백성들의 필요를 채워주시는 하나님의 신실하시고 변함없으신 공급을 증거하는 상징이자 표징이다.

예수님은 자신이 참된 만나요, 생명의 떡이라고 선언하셨다. 예수님은 우리로 하여금 하나님의 공급과 축복을 누리게 해주신 궁극적인 성취자이시다.

"너를 낮추시며 너를 주리게 하시며 또 너도 알지 못하며 네 조상들도 알지 못하던 만나를 네게 먹이신 것은 사람이 떡으로만 사는 것이 아니요 여호와의 입에서 나오는 모든 말씀으로 사는 줄을 네가 알게 하려 하심이니라."(신명기 8:3)

생명의 떡이신 예수님은 하나님의 말씀에 대한 우리의 영적인 굶주림을 최종적으로 영원히 채워주신다.

JESUS GIVES US
THE BREAD OF LIFE

Then Jesus declared, "I am the bread of life. He who comes to me will never go hungry, and he who believes in me will never be thirsty." (JOHN 6:35)

As the Israelites wandered in the desert toward the Promised Land, they grumbled. What would they eat? What would they drink? So God provided manna, bread from heaven, each day—a symbol of God's faithful, unwavering provision for their needs.

Jesus declared Himself to be the true manna, the Bread of Life. He is the ultimate fulfillment of God's provision and blessing. "[God] humbled you, causing you to hunger and then feeding you with manna, which neither you nor your fathers had known," Deuteronomy 8:3 tells us, "to teach you that man does not live on bread alone but on every word that comes from the mouth of the LORD." Jesus the Bread of Life ultimately, eternally satisfies our hunger for the word of God.

86 예수님은 우리의 삶을 모험이 가득하게 만드신다

"내가 달려갈 길과 주 예수께 받은 사명 곧 하나님의 은혜의 복음을 증언하는 일을 마치려 함에는 나의 생명조차 조금도 귀한 것으로 여기지 아니하노라."(사도행전 20:24)

공을 가지고 경기할 때는 두 가지 방법이 있다. 첫 번째는 가능한 한 열심히 슛하고 서로 공을 주고받으면서 최대한 상대를 공격하는 것이다. 두 번째는 자신의 반경 5미터 안으로 공이 오지 않기를 바라며 가급적 공을 피하는 것이다. 두 번째 방법은 운동신경이 없는 사람이 주로 택하고, 경기할 때는 첫 번째 방법이 훨씬 재미있다.

예수님은 우리가 첫 번째 방법으로 살아갈 수 있도록 기회를 주신다. 그분은 우리에게 삶의 목적과 열정은 물론, 우리가 살아가는 데 필요한 재능도 주신다. 그리고 다가올 하나님 나라에서 우리가 수행해야 할 아주 중요한 역할도 맡겨주신다.

비록 우리가 공을 잘 던지거나 받지 못해도 예수님은 우리를 하나님의 영광을 위해 경기에 영향력을 끼치는 운동선수로 만드셔서 모험이 가득한 삶을 살게 하신다.

JESUS MAKES
OUR LIVES AN ADVENTURE

I consider my life worth nothing to me, if only I may finish the race and complete the task the Lord Jesus has given me the task of testifying to the gospel of God's grace.(ACTS 20:24)

There are two ways to play any sport. The first is to get the ball as often as you can, shoot all you can, and make all the tackles you can. The second is to lay low, hoping the ball never comes within five yards of you. The second is preferred by the more athletically challenged among us. But the first is more fun.

Knowing Jesus gives us the opportunity to live our lives the first way. He gives us purpose and passion. He gives us skills. And He gives us a very important role in the coming Kingdom

Even if we can't catch or throw, Jesus makes us impact players for His glory.

87 예수님은 우리의 삶에서 기적을 행하신다

우리는 성경에 나오는 그 사람이 어떻게 해서 오른손이 마비되었는지, 언제부터 손을 못 쓰게 되었는지, 오른손이 얼마나 오래전부터 마르기 시작했는지 잘 모른다. 그래서 예수님이 안식일에 회당에 들어가 그 사람을 보셨을 때 그의 병을 고치시는지 바리새인들이 지켜보고 있음에도, 예수님은 그의 마비된 손을 완전히 건강한 손으로 고쳐주셨다(눅 6:6-11).

예수님이 행하신 기적들은 우리에게 많은 교훈을 준다. 예수님의 이런 놀라운 기적들은 하나님의 능력을 많은 사람에게 나타내 보이고, 예수님이 선포하신 하나님 나라의 본질을 우리에게 계시해준다. 이런 놀라운 기적들은 하나님께서 우리의 절실한 필요에 깊은 관심을 가지고 계심을 나타낸다.

이런 기적은 2,000년 전 일이지만 과학과 의술이 극도로 발달한 지금도 일어날 수 있다. 예수님은 오늘날에도 초자연적이면서 기적적인 방법으로 우리 삶에 개입하신다.

JESUS DOES MIRACLES
IN OUR LIVES

He looked around at them all, and then said to the man, Stretch out your
hand. He did so, and his hand was completely restored.(**LUKE 6:10**)

We don't know how it got that way, but the man's right hand was
shriveled and useless. Who knows how long it had held him back,
how many times it had brought the blush of shame to his face? And
so, when Jesus saw him, despite the mutterings of the Pharisees who
wanted to see if He would heal on the Sabbath, Jesus restored the
man's hand (Luke 6:6–11). Good as new.

Jesus' miracles tell us many things. They display God's power and
reveal the nature of the Kingdom Jesus brings about. They also show
that God is concerned with our needs. It's as true now as it was in the
first century: Jesus cares, and He intervenes in our lives in miraculous
ways.

88 예수님은 우리에게 긍휼과 자비를 베푸신다

"긍휼하심이 두려워하는 자에게 대대로 이르는도다."(누가복음 1:50)

오래전부터 믿음의 성도들이 즐겨 기도해온 기도문이 있다. "하나님의 아들, 주 예수 그리스도시여, 죄인인 저에게 긍휼과 자비를 베푸소서."

이 기도문으로 기도할 때마다 우리는 예수님의 비유 말씀 가운데 세리가 드렸던 기도를 본받아 하나님의 긍휼과 자비를 구한다. 즉 우리는 하나님께 용서를 구하고, 하나님께서 우리에게 가까이 임하셔서 우리의 필요를 채워주실 것을 간구한다.

예수님이 주시는 긍휼과 자비는 목자가 잃어버린 양 한 마리를 포기하지 않고 찾는 모습과 같고, 조건 없이 많은 빚을 탕감해준 주인과 같으며, 자신의 원수에게 선한 일을 행한 것과 같고, 집을 떠나 먼 곳에서 고생하는 아들이 돌아올 때를 기다리는 아버지의 모습과 같다. 우리가 이런 사람들을 긍휼의 마음으로 바라볼 때 우리는 삶에서 이미 풍성하게 나타난 하나님의 긍휼과 자비, 곧 하나님의 사랑스러운 친절함과 동정을 볼 수 있다.

JESUS GIVES US
HIS MERCY

> Her neighbors and relatives heard that the Lord had shown her great mercy, and they shared her joy. (LUKE 1:58)

The ancient prayer goes, "Lord Jesus Christ, Son of God, have mercy upon me, a sinner." When we pray that prayer, we're modeling ourselves after the tax collector in Jesus' parable, casting ourselves on the Father's mercy; we're praying for forgiveness and that God would reach down and meet our needs.

The mercy that Jesus gives looks like seeking out lost sheep, forgiving great debts, doing good to one's enemies, and running after a long lost son. When we look for them, we see His mercies–His loving-kindnesses and compassion abundantly in our lives.

89 예수님은 우리에게 사랑하는 법을 가르치신다

사랑을 행하는 데 부족함이 있는 우리는 혼돈에 빠진다. 그럼에도 분명한 두 가지 사실이 있다. 우리 모두는 절대적으로 사랑을 필요로 한다는 것과 우리 중 일부만이 사랑을 하는 데 탁월하다는 것이다.

우리 모두는 사랑하는 법에 대한 교훈을 활용할 수 있다. 하지만 우리는 자신밖에 모르는 약간의 이기주의자들이라서 다른 사람도 사랑이 절실히 필요하다는 사실을 잊어버린다. 그리고 때때로 어떻게 사랑을 나타내 보여야 하는지 알지 못한다.

감사하게도 우리는 우리를 위해 값비싼 희생을 하시고, 많은 시간을 투자하시며, 우리가 필요로 하는 많은 것을 기꺼이 주시고, 우리에게 섬김의 본을 보여주신 예수님을 주님으로 모시고 있다. 우리는 또한 마음속에 내재된 다른 사람들을 향한 사랑을 일깨워주시는 하나님의 영, 보혜사 성령님을 안내자와 위로자, 스승으로 모시고 있다. 사랑은 우리가 맺어야 할 성령의 열매 중 하나다.

"오직 성령의 열매는 사랑과 희락과 화평과 오래 참음과 자비와 양선과 충성과 온유와 절제니 이 같은 것을 금지할 법이 없느니라."(갈 5:22-23)

그래서 우리가 주님과 함께 사랑 안에서 영적으로 성장할 때 우리는 하나님의 사랑과 같은 거룩한 사랑과 긍휼, 자비를 온 세상에 나타내 보이고 실천함으로써 하나님께 영광을 돌리게 된다.

JESUS TEACHES US
HOW TO LOVE

By this all men will know that you are my disciples, if you love one another.(JOHN 13:35)

Love is confusing. Nevertheless, two things are obvious: We all desperately need love, and few of us are particularly good at loving

It's true that we could all use love lessons. We're a little bit selfish; we forget to consider the love needs of others. And sometimes we simply don't know how to show love.

Thankfully, we have Jesus to model love for us–the sacrifice, the investment of time, the giving and serving. We also have His Spirit to quicken the love in our hearts for others: "The fruit of the Spirit is love" (Galatians 5:22a). And as we grow in love with our Savior, we show the world what His love is like and glorify God.

90 예수님은 우리 안에 거하신다

"내가 그리스도와 함께 십자가에 못 박혔나니 그런즉 이제는 내가 사는 것이 아니요 오직 내 안에 그리스도께서 사시는 것이라 이제 내가 육체 가운데 사는 것은 나를 사랑하사 나를 위하여 자기 자신을 버리신 하나님의 아들을 믿는 믿음 안에서 사는 것이라."(갈라디아서 2:20)

사도 바울은 다메섹으로 가는 길에서 처음 예수님을 만났다. 예수님을 만난 후 바울은 방향을 바꿔 완전히 예수 그리스도에게로 돌아섰다. 예수님을 만나 변화된 증거는 그가 그리스도인들을 핍박하던 사울(Saul:큰 자)에서 앞장서 복음을 전하고 사역하는 교회 사도인 바울(Baul:작은 자)로 이름까지 바꿨다는 것이다. 그 후 사도 바울은 갈라디아 교회 성도에게 보낸 편지에서 자신에 대해 "이제 내가 육체 가운데 사는 것은 나를 사랑하사 나를 위하여 자기 자신을 버리신 하나님의 아들을 믿는 믿음 안에서 사는 것이라"(갈 2:20)라고 고백하며 간증했다.

사도 바울이 이렇게 완벽하고도 총체적으로 변화한 것은 바울이라는 사람의 존재 모든 부분에 영향을 미치신 예수 그리스도와의 만남 때문이었다. 사도 바울에게 일어난 것과 마찬가지로 우리가 그리스도 안에서 얻게 된 새 생명이 우리 몸과 마음, 영혼에 접촉되고 연결된다. 이로써 예수 그리스도는 주님으로서 우리를 다스리시고 주관하신다. 이에 우리는 더는 예수님을 만나기 전과 같은 옛 사람이 아니다.

JESUS LIVES
IN US

I have been crucified with Christ and I no longer live, but Christ lives in me. The life I live in the body, I live by faith in the Son of God, who loved me and gave himself for me. **(GALATIANS 2:20)**

Paul first encountered Jesus on the road to Damascus. After that, he made such a turnaround that he even changed his name–Saul, the persecutor of Christians, became Paul, one of the Church's foremost apostles.

Later, he wrote to the Galatians, "I no longer live, but Christ lives in me. The life I live in the body, I live by faith in the Son of God" (2:20b). So complete and all–encompassing was that encounter with Christ that it affected every part of his being.

Just as it did for Paul, the new life we have in Christ touches our minds, souls, and bodies. He becomes part of us. And we are never the same.

91 예수님은 버림받은 자들을 눈여겨보신다

> "모든 세리와 죄인들이 말씀을 들으러 가까이 나아오니 바리새인과 서기관들이 수군 거려 이르되 이 사람이 죄인을 영접하고 음식을 같이 먹는다 하더라."
> (누가복음 15:1-2)

어떤 이들은 학교, 직장, 교회 등 사람이 많이 모이는 곳에서도 눈에 잘 띄지 않고 숨어 지내다시피 한다. 우리가 별로 중요하지 않다고 생각하는 사람들이 오히려 예수님에게는 가장 귀한 자로 인정받은 이들이다.

이 지상에서 공생애 기간을 보내실 때 예수님은 사람들로부터 배척받는 이들과 함께 많은 시간을 보내셨다. 예수님은 도움을 요청하는 나병 환자들의 외침을 들으셨고 그들을 치유하셨다. 그리고 당시 세리들, 죄인들과 함께 음식을 드셨다. 예수님은 지나가는 길에 사마리아라는 동네의 우물가에서 평판이 좋지 않은 사마리아 여인과 친근하게 대화를 나누셨다.

오늘날 우리를 위한 기쁜 소식은 우리가 이방인처럼 왕따를 당하고 멸시받는 사람으로 느껴질 때 예수님이 관심을 가지고 우리를 눈여겨보시며, 우리와 가깝게 교제하기 위해 손을 내밀어 잡아주신다는 것이다. 이렇게 예수님의 사랑과 동정심을 경험하기에 우리는 오늘날에도 예수님이 따돌림당하고 버림받는 이들에게 관심을 가지시면서 사랑의 눈빛으로 주목하시는 분임을 확신하게 된다.

JESUS NOTICES
THE OUTCASTS

Now the tax collectors and "sinners" were all gathering around to hear him. But the Pharisees and the teachers of the law muttered, "This man welcomes sinners and eats with them."(LUKE 15:1-2)

Some people are simply "invisible" to many of us: lunchroom nerds, eccentric neighbors, friends-of-friends with checkered pasts ... underfed, overworked children on the other side of the world.

The people we tend to notice the least are the people Jesus notices most. While He was on earth, He spent time with people who were largely rejected in their time: He heard the cry of lepers and healed them; He ate with tax collectors and sinners; He chatted with Samaritan women.

The good news for us today is that when we feel like an outcast, we know that He sees us and reaches out for us. And as we experience His compassion, He gives us His eyes to notice the outcasts all around us.

92 예수님은 마귀를 이기신다

"죄를 짓는 자는 마귀에게 속하나니 마귀는 처음부터 범죄함이라 하나님의 아들이 나타나신 것은 마귀의 일을 멸하려 하심이라." (요한일서 3:8)

죄와 죽음은 언제나 함께 간다. 그것들은 함께 손잡고 이 세상에 들어왔다. 죄가 우리 삶을 괴롭히는 곳에는 언제나 죽음이 가까운 동반자로서 다가온다. 그리고 죄와 죽음이 마귀를 먹여 살리기 때문에 마귀의 능력은 더욱 강해진다.

우리와 같은 인간의 모습으로 오신 예수님은 십자가에 달려 죽으셨고, 이후 죽은 자 가운데서 살아나심으로써 죽음을 정복하셨다. 예수님이 부활하신 바로 그 순간 마귀는 패배했으며, 죄와 죽음도 함께 패배했다.

따라서 우리의 삶이 그리스도의 부활과 연합할 때 우리는 예수님의 승리를 공유하며 함께 누리게 된다. 예수님 덕분에 죄와 죽음은 우리의 삶에서 아무런 능력을 행사할 수 없게 되었다.

JESUS OVERCOMES
THE DEVIL

He who does what is sinful is of the devil, because the devil has been sinning from the beginning. The reason the Son of God appeared was to destroy the devil's work.(1JOHN 3:8)

Sin and death go together. They entered the world hand in hand, and where sin plagues our lives, death is its close companion. And both feed on the power of the devil.

But when Jesus took on our humanity, He also took on death by dying on the cross–and defeated it by rising from the dead. At the exact moment of His resurrection, the devil was defeated, sin and death along with him. And when we unite our lives with Christ's, we share in that victory as well. Because of Jesus, sin and death hold no power in our lives.

93 예수님은 우리가 안전과 평안을 누리도록 해주신다

"이것을 너희에게 이르는 것은 너희로 내 안에서 평안을 누리게 하려 함이라 세상에서는 너희가 환난을 당하나 담대하라 내가 세상을 이기었노라."(요한복음 16:33)

예수님은 우리를 구원하고자 하늘에서 내려오셨고, 우리를 괴롭히는 모든 것을 다 짊어지시고 십자가에서 죽으셨다. 예수님은 부서지기 쉬운 연약한 인간의 몸을 취하고 오셔서 우리의 삶에 영향을 미치는 죄와 죽음과 질병 모두를 다 담당하셨다.

예수님은 물속에 빠져 죽어가는 우리 인간을 구원하기 위해 물속으로 뛰어드셨다. 하지만 죽은 자 가운데서 부활하심으로써 우리의 연약함과 우리를 위협하고 해치는 모든 것을 정복하시어 최고 존귀와 높임을 받으셨다. 심지어 죽음까지 정복하신 예수님은 지금도 살아계셔서 하늘에 있는 하나님 아버지의 보좌 우편에 앉아계신다. 이보다 더 놀라운 것은 하나님께서는 우리를 그리스도와 함께 하늘에 있는 하나님의 보좌 우편에 앉게 하셨다는 점이다.

"또 함께 일으키사 그리스도 예수 안에서 함께 하늘에 앉히시니."(엡 2:6)

그리스도 안에서 우리는 모든 악한 원수와 권세로부터 안전하게 보호받고 있다.

JESUS GIVES US SECURITY

I have told you these things, so that in me you may have peace. In this world you will have trouble. But take heart! I have overcome the world. (JOHN 16:33)

When Jesus saved us, He reached down and took on everything that plagues us. He took on humanity, frail flesh itself, and the sin and death and disease that infect our lives. He jumped in the water in order to save us from drowning.

But in His resurrection, Jesus is exalted far above every weakness, everything that harms and threatens. Having defeated even death, He sits at the right hand of the Father, seated "in the heavenly realms" (Ephesians 2:6b). Even more than that, though, God has seated us with Him. In Christ, we are safe and secure from every enemy and power.

94 예수님은 우리에게 용기를 주신다

"사람이 너희를 회당이나 위정자나 권세 있는 자 앞에 끌고 가거든 어떻게 무엇으로 대답하며 무엇으로 말할까 염려하지 말라 마땅히 할 말을 성령이 곧 그때에 너희에게 가르치시리라 하시니라." (누가복음 12:11-12)

우리는 살면서 올바른 일을 행하기 위해 뭔가를 선택해야 하는 중요한 순간을 맞는다. 그리고 올바른 일을 행하는 데는 종종 대담한 용기가 필요하다. 직장에서 부정에 대항해 맞서거나, 잘못한 일을 친구에게 떳떳하게 털어놓는 일은 쉽지 않다.

성경은 예수님이 올바른 일을 행하는 자들에 기뻐하신다고 말한다. 예수님은 우리가 올바른 일을 선택할 때 기뻐하시고, 우리에게 올바른 일을 선택할 수 있는 용기를 주신다. 또한 어려운 상황에서 올바른 일을 위해 할 말을 주시고, 올바른 말을 할 수 있는 기회를 주신다. 그 과정에서 예수님을 적극적으로 따를 수 있는 담대함도 주신다. 예수님은 그런 담대함이 필요한 모든 상황에서 우리에게 그분의 용기와 힘을 주신다.

JESUS GIVES US COURAGE

When you are brought before synagogues, rulers and authorities, do not worry about how you will defend yourselves or what you will say, for the Holy Spirit will teach you at that time what you should say.
(LUKE 12:11-12)

There comes a time in each of our lives when we have to choose to do the right thing. And the thing about the right thing is that it very often requires a lot of courage to do. It's not easy to take a stand against dishonesty at work or come clean to a friend about something we're ashamed of.

Scripture tells us that the Lord delights in those who do what is right. It pleases Jesus when we make right choices—and He gives us the courage to make those choices. He gives us the words to say, the opportunity to say them, and the guts it takes to follow through. Jesus gives us His courage, His strength, every time we need it.

95 예수님은 우리와 함께하기를 원하신다

"아버지여 내게 주신 자도 나 있는 곳에 나와 함께 있어 아버지께서 창세전부터 나를
사랑하시므로 내게 주신 나의 영광을 그들로 보게 하시기를 원하옵나이다."
(요한복음 17:24)

　일반 우편물이 아닌, 귀한 모임의 초대장을 받으면 아주 반갑고 기
분도 매우 좋다. 가까운 친구가 청첩장이나 생일 축하파티 초대장을
보내와 당신이 꼭 참석해서 기쁨을 함께 나눠주길 원한다는 것은 매
우 특별한 일이라 더 큰 감동을 받는다.

　예수님은 그분과 하나님 아버지 사이의 사랑을 나누기 위해, 그리
고 그분의 영광을 증거하기 위해 우리에게 초대장을 보내셨다. 예수
님은 우리의 삶이 예수님과 연합되도록 우리를 초대하신다. 그리고
우리 가까이에 있길 원하신다. 예수님은 우리 삶의 모든 과정에 참여
하기를 원하신다.

　예수님이 그분의 생명을 나누기 위해 보내주신 귀한 초대장은 우리
가 받을 수 있는 최고의 명예이자 영광이며 특권이다.

JESUS WANTS
TO BE WITH US

Invitations are a great thing to get in the mail, a break from the ho-hum of bills and advertisements. There's just something special and exciting about knowing that someone wants you to share in their wedding day or birthday celebration.

Jesus has sent us an invitation to witness His glory, to share in the love between Him and the Father. He invites us to join our lives with His. He wants to be near us; He wants to be a part of everything we're going through.

The invitation from Jesus to share in His life is the greatest honor we could ever receive.

96 예수님은 우리에게 십자가를 지고 따를 것을 요구하신다

"또 무리에게 이르시되 아무든지 나를 따라오려거든 자기를 부인하고 날마다 제 십자가를 지고 나를 따를 것이니라 누구든지 제 목숨을 구원하고자 하면 잃을 것이요 누구든지 나를 위하여 제 목숨을 잃으면 구원하리라." (누가복음 9:23-24)

예수님의 제자들은 예수님으로부터 직접 택함을 받아 아주 가까운 동반자가 된 이들로, 예수님이 맡기신 사명을 수행하기 위해 집중 훈련을 받은 특별한 그룹이다. 그러나 예수님의 제자가 된 특권은 대가 없이 누릴 수 있는 것이 아니다. 예수님을 따르는 제자의 삶은 온전한 헌신과 온전한 자원(自願)이 전제되어야 함을 의미한다. 그래서 예수님은 제자들에게 이렇게 말씀하신다.

"아버지나 어머니를 나보다 더 사랑하는 자는 내게 합당하지 아니하고 아들이나 딸을 나보다 더 사랑하는 자도 내게 합당하지 아니하며." (마 10:37)

예수님이 제자들에게 요구한 헌신은 오늘날 우리에게도 동일하다. 우리가 예수님의 제자가 되기를 원한다면 이는 곧 우리에게 가장 중요한 부분을 포기하는 것을 의미하지만, 그럼에도 우리는 날마다 예수님을 따르기를 선택해야 한다. 가장 기쁜 소식(복음)은 예수님의 제자가 되기 위한 부르심에 응답함으로써 예수님의 제자들이 경험했던 그런 축복을 우리도 받게 된다는 것이다.

JESUS CHALLENGES US

Jesus' disciples were a unique group, hand picked by Him to be His closest companions, to learn from Him, and later to carry on His work. But that privilege didn't come without cost. Following Jesus meant complete commitment, complete willingness. Jesus said, "Anyone who loves his father or mother more than me is not worthy of me; anyone who loves his son or daughter more than me is not worthy of me" (Matthew 10:37)

His challenge is the same for us today: We must daily choose to follow Him if we want to be His disciples, even if it means giving up what's most important to us. The good news is that just as Jesus' disciples experienced blessing by responding to His challenges, so do we.

97 예수님은 우리에게 새로운 삶을 살게 하신다

"그런즉 누구든지 그리스도 안에 있으면 새로운 피조물이라 이전 것은 지나갔으니 보라 새것이 되었도다."(고린도후서 5:17)

어느 날 갑자기 우리는 변하지 않는 습관과 감당하기 어려운 환경, 힘(에너지)의 부족으로 수렁에 빠진 듯한 느낌이 들 때가 있다. 하나님께서 우리를 위해 계획하신 삶을 살고 있는지 의구심이 들기도 한다.

이런 의구심이 드는 날에는 처음 예수님을 만난 그날을 기억하는 것이 좋다. 예수님은 우리 삶을 그분의 사랑으로 차고 넘치게 해주셨다. 예수님의 넘치는 사랑은 우리의 영혼 안으로 갑자기 들어온 밝은 빛과도 같은 것이었다. 그 결과 우리는 완전히 새로운 사람(피조물)이 되었다.

그리고 매일 이런 느낌을 가지지 못할지라도 예수님은 그리스도 안에 있는 우리가 새롭고 충만한 삶을 살 수 있도록 하셨다. 그리스도 안에서 우리는 완전히 새로운 사람이다. 그리고 지금도 하나님께서는 새로운 삶을 살도록 우리를 위해 역사하신다.

JESUS GIVES US
A BRAND-NEW LIFE

Therefore, if anyone is in Christ, he is a new creation; the old has gone, the new has come! (2 CORINTHIANS 5:17)

Some days, we feel bogged down in old habits, difficult circumstances, and a simple lack of energy. We wonder if we're living the life God intended for us.

On days like these, it's good to remember the day we first met Jesus. He flooded our lives with His love; it was like a light suddenly came on inside our souls, and we were brand new. And even though it may not feel like it every day, He has given us a new, full life in Him—in Christ, we are a completely new creation. And even now, God is working on us.

98 예수님은 우리를 회복하게 하신다

> "주의 성령이 내게 임하셨으니 이는 가난한 자에게 복음을 전하게 하시려고 내게 기름을 부으시고 나를 보내사 포로 된 자에게 자유를, 눈 먼 자에게 다시 보게 함을 전파하며 눌린 자를 자유롭게 하고 주의 은혜의 해를 전파하게 하려 하심이라 하였더라." (누가복음 4:18-19)

다양한 방법으로 예수님은 우리가 알고 있는 상식을 뒤엎으신다. 예수님은 가난한 자, 애통해하는 자, 온유한 자는 복이 있다고 말씀하신다. 우리가 우리의 생명을 구원하기 위해서는 그분 안에서 생명을 잃어야 한다. 예수님은 옳고 바른 일을 정착하고 하나님의 공의를 이루기 위해 이 세상에 오셨다. 그래서 예수님이 오신 목적대로 이런 공의와 정의의 회복은 오늘날 우리의 삶에서 계속 일어나고 있다.

예수님은 우리가 가난할 때 우리를 축복하시고, 우리가 상처받을 때 우리를 치유하신다. 우리가 애통해하며 예수님을 향해 부르짖을 때 예수님은 우리를 위로하신다. 그리고 우리가 좌절해 쓰러져 넘어질 때 예수님은 우리가 다시 일어서도록 모든 것을 회복시켜주신다.

JESUS RESTORES US

The Spirit of the Lord is on me, because he has anointed me to preach good news to the poor. He has sent me to proclaim freedom for the prisoners and recovery of sight for the blind, to release the oppressed, to proclaim the year of the Lord's favor.(LUKE 4:18-19)

In many ways, Jesus turns everything we know about life on its head. Blessed are the poor, He says, the bereaved, and the meek, and in order to save our lives, we must lose them in Him. Jesus came to bring about God's justice, to set things right in the world. And that restoration still takes place in our lives today.

When we are poor, He blesses us. When we are hurt, He heals us. When we cry out to Him in mourning, He comforts us. When we are broken, Jesus puts us back together again.

99 예수님은 끝까지 우리와 함께하신다

"돈을 사랑하지 말고 있는 바를 족한 줄로 알라 그가 친히 말씀하시기를 내가 결코 너희를 버리지 아니하고 너희를 떠나지 아니하리라 하셨느니라."(히브리서 13:5)

우리는 살면서 하나님의 임재를 느끼지 못할 때가 있다. 때로는 우리가 암송한 모든 성경 구절이 공허하고 무의미하게 느껴져 큰 도움이 되지 못하곤 한다. 우리는 우리의 행동을 살피시는 하나님의 탐지기가 꺼진 듯한 느낌을 받는다. 하늘은 아무 말 없이 침묵하고 우리는 혼자라고 느낀다.

그러나 우리가 이렇게 외로운 시간을 보낼 때도 진정 혼자가 아니라는 사실을 알아야 한다. 예수님은 항상 우리와 함께 있겠다고 약속하셨기 때문이다. 그리고 예수님은 변함없이 신실하시다.

"우리는 미쁨이 없을지라도 주는 항상 미쁘시니 자기를 부인하실 수 없으시리라."(딤후 2:13)

예수님은 외로움을 몸소 경험하셨기에 우리가 외로워할 때 우리를 이해하시고 우리와 함께하신다. 우리의 외로운 시간은 지나갈 것이다. 그리고 외로운 시간이 지나갈 때 우리는 예수님이 그곳에 함께 계셨다는 사실을 깨닫게 된다.

JESUS STAYS
WITH US

God has said, "Never will I leave you; never will I forsake you."
(HEBREWS 13:5B)

There are times when we simply can't feel God's presence. All the Bible verses we have memorized feel hollow and empty. We feel like we've fallen off God's radar. The sky is silent, and we feel alone.

But even in our lonely times, we know that we're not really alone. Jesus has promised to be with us always, and He is completely faithful–"if we are faithless, he will remain faithful, for he cannot disown himself"(2 Timothy 2:13). And because He Himself experienced loneliness, He can identify with us in our lonely times.

Our lonely times will pass. And when they do, we will realize that Jesus was there all along.

100 예수님은 날마다 의미 있는 삶을 살게 하신다

"또 무리에게 이르시되 아무든지 나를 따라오려거든 자기를 부인하고 날마다 제 십자가를 지고 나를 따를 것이니라."(누가복음 9:23)

'오늘'이라는 단어는 성경 전반에 걸쳐 중요한 말이다. '오늘' 다윗의 동네에 구주가 나셨다. '오늘' 구원이 삭개오의 집에 이르렀다. 예수님과 함께 십자가에 못 박혀 죽어가던 한 행악자가 "예수여 당신의 나라에 임하실 때 나를 기억하소서"라고 간청했을 때 예수님은 그에게 '오늘' 네가 나와 함께 낙원에 있으리라고 말씀하셨다. 예수님은 인간의 몸을 입고 이 땅에 오셔서 보통 사람처럼 땅 위를 걸으셨고 하나님의 은혜를 전파하셨다.

우리가 예수님을 우리의 삶에 모셔 들일 때 날마다 예수님을 경험할 수 있는 기회가 되기에 매일이 평범한 날처럼 느껴져도 우리는 하나님 나라에서 살게 된다. '오늘'은 예수님을 따를 수 있는 기회다. '오늘'은 포근하고 따스한 예수님의 은혜를 느낄 수 있는 날이다. 예수님 덕분에 하루하루가 귀한 날이 되고, 그래서 하루하루는 의미가 있다.

JESUS MAKES
EACH DAY MEANINGFUL

Then he said to them all: "If anyone would come after me, he must deny himself and take up his cross daily and follow me."(**LUKE 9:23**)

"Today" is an important day throughout the Gospels. "Today" a Savior was born in the town of David. "Today" salvation came to the house of Zacchaeus. The thief on the cross met Jesus in paradise "today." In the middle of ordinary days on ordinary soil, Jesus walked the earth and spread God's grace.

When we have Jesus in our lives, each today becomes an opportunity to experience Him and live in His Kingdom, no matter how ordinary the day may seem. Today is an opportunity to follow Jesus. Today is a day to feel the warmth His grace. Because of Jesus, each day counts, and each day has meaning.

101 예수님은 우리에게
하나님의 은혜를 베푸신다

"그리스도 예수 안에서 너희에게 주신 하나님의 은혜로 말미암아 내가 너희를 위하여 항상 하나님께 감사하노니."(고린도전서 1:4)

우리는 '은혜'라는 말을 자주 듣는다. 그러나 때때로 '은혜'라는 말이 의미하는 바가 무엇인지, '은혜'가 무엇과 같은지 확실히 모른다.

예수님이 이 땅에서 사역하실 때 '은혜'는 죄 많은 여인을 용서하는 것, 하나님의 은총을 선포하는 것, 심령이 가난한 자와 사별한 자를 축복하는 것, 마귀에 사로잡힌 자를 육체적·영적 묶임에서 해방시켜 주는 것, 병든 자를 치유하는 것과 같았다.

'은혜'는 하나님의 축복을 받을 자격이 없음에도 우리를 위해 하나님께서 손을 내밀어 축복하시는 것이다. 하나님과 함께하는 삶은 우리가 수고로이 획득하거나 당연히 받아야 하는 것이 아니다. 오직 예수님이 주시는 은혜의 선물이다.

JESUS GIVES US
HIS GRACE

I always thank God for you because of his grace given you in Christ Jesus.(1 CORINTHIANS 1:4)

We often hear the word "grace," but sometimes we're not quite sure what grace really is, what grace looks like. During Jesus' ministry, grace looked like forgiving a sinful woman; proclaiming God's favor and blessing on the poor in spirit, on the bereaved; freeing a demoniac from his physical and spiritual shackles; healing the sick.

Grace is simply the hand of God reaching out for us and blessing us, despite how much we don't deserve His blessing.

The life we have with God is not something we earned or deserved. It is Jesus' gift of grace.

예수님이 당신을 위해 하신 일 101가지
101 Things Jesus Has Done for You

1판 1쇄 인쇄 | 2024년 3월 27일
1판 1쇄 발행 | 2024년 3월 29일

지은이 : 토머스 넬슨
옮긴이 : 우수명 목사
펴낸이 : 우문식
펴낸곳 : 도서출판 물푸레

등록번호 | 제1072 등록일자 | 1994년 11월 11일

주소 | 경기도 의왕시 위인로 15, 101동 1101호
전화 | (031) 453-3211
전송 | (031) 458-0097
www.kppsi.com

ISBN 978 89 8110 344 6 03230

정가 14,500원

책에 관한 문의는 ceo@kppsi.com으로 해주시기 바랍니다.